GUIDE PASTORAL

DES ESPACES NATURELS DU SUD-EST DE LA FRANCE

Fondé en 1977, le CERPAM a pris son nom définitif de "CENTRE D'ÉTUDES ET DE RÉALISATIONS PASTORALES ALPES-MÉDITERRANÉE" en 1983. C'est une équipe de 8 ingénieurs, née à l'initiative de la profession agricole de la région Provence-Alpes-Côte d'Azur, qui s'est donnée pour mission la valorisation par l'élevage des espaces naturels disponibles. Avant-gardiste il y a vingt ans, cette préoccupation est aujourd'hui au cœur de l'actualité avec la nouvelle politique agricole européenne et les mesures agri-environnementales. C'est aussi un souci important d'une grande partie de la société française, de plus en plus préoccupée par les questions écologiques.

Dans cet ouvrage, avec l'expérience acquise au fil des ans par l'équipe du CERPAM, les espaces naturels sont abordés à la fois en termes de milieux scientifiquement identifiés, de ressources pour l'élevage mais aussi pour d'autres activités (forêt, chasse ...), et de richesses écologiques à préserver. Et au delà de l'observation, ce sont bien des pratiques qui sont proposées pour tirer le meilleur parti de ces espaces naturels tout en les respectant, et même en les protégeant.

Pour arriver à ce résultat, le CERPAM a fait appel à de nombreuses collaborations. Au total, ce sont plus de 30 personnes, spécialistes de la flore et de la faune, de l'écologie, de la forêt, de la chasse, des parcs naturels, universitaires et chercheurs qui ont participé à cet ouvrage.

"MÉTHODES ET COMMUNICATION", antenne pour Provence-Alpes-Côte d'Azur de "TÉLÉ PROMOTION RURALE MÉDITERRANÉE" est un service de la profession agricole pour toutes réalisations nécessaires à sa communication. C'est à ses services que l'on doit la réécriture, la maquette et la composition de ce guide.

Jean DEBAYLE,
Président du Centre d'Etudes
et de Réalisations pastorales
Alpes-Méditerranée

Maurice RIGAUD,
Secrétaire Général de l'Assemblée Permanente
des Chambres d'Agriculture,
Président de Méthodes et Communication

CENTRE D'ÉTUDES ET DE RÉALISATIONS PASTORALES ALPES-MÉDITERRANÉE

GUIDE PASTORAL

DES ESPACES NATURELS DU SUD-EST DE LA FRANCE

MANUEL À L'USAGE DES PROFESSIONNELS DE L'ÉLEVAGE ET DES GESTIONNAIRES DES ESPACES NATURELS

... et de toutes autres personnes soucieuses de savoir et de comprendre comment simultanément utiliser et protéger des milieux naturels.

coordination : Laurent GARDE

Co-édition : CERPAM & MÉTHODES ET COMMUNICATION

TABLE DES MATIÈRES

PRÉFACE

par Jean-Marie PELT
Président-Fondateur de l'Institut Européen d'Écologie
Professeur Émérite de l'Université de Metz

C'est avec les yeux de ceux qui vivent en permanence à son contact que la nature doit être abordée. Rappelez-vous le film "Les Dieux sont tombés sur la tête" : le véritable écologue, c'est le chasseur Bochiman...

C'est avec les connaissances des bergers, ces oubliés des années de modernisation agricole intensive, que l'on peut chercher à approcher les parcours et alpages. Récemment encore, leurs pratiques étaient considérées comme archaïques et condamnées par un monde rural où les hommes disparaissent devant la machine.

Et par un étrange retournement de situation, les bergers se retrouvent aujourd'hui au coeur de la modernité... ou faut-il parler d'une "post-modernité" qui ne se construirait qu'en retrouvant ses racines ?

Déprise, extensification, élevage des animaux à l'herbe, biodiversité, aujourd'hui la gestion des espaces naturels se trouve au coeur des grands débats de sociétés.

Bien sûr, il ne s'agit pas de ressusciter des pratiques appartenant à un monde rural aujourd'hui révolu, mais bien d'établir un pont par dessus les années du modèle agricole intensif, pour proposer de nouvelles pratiques pastorales, mises en oeuvre par des éleveurs et des gestionnaires soucieux de "développement durable" et respectueux de la nature où ils vivent.

Si ce guide pratique permet d'effectuer un pas dans cette direction, il aura rempli tout son rôle !

Jean-Marie PELT

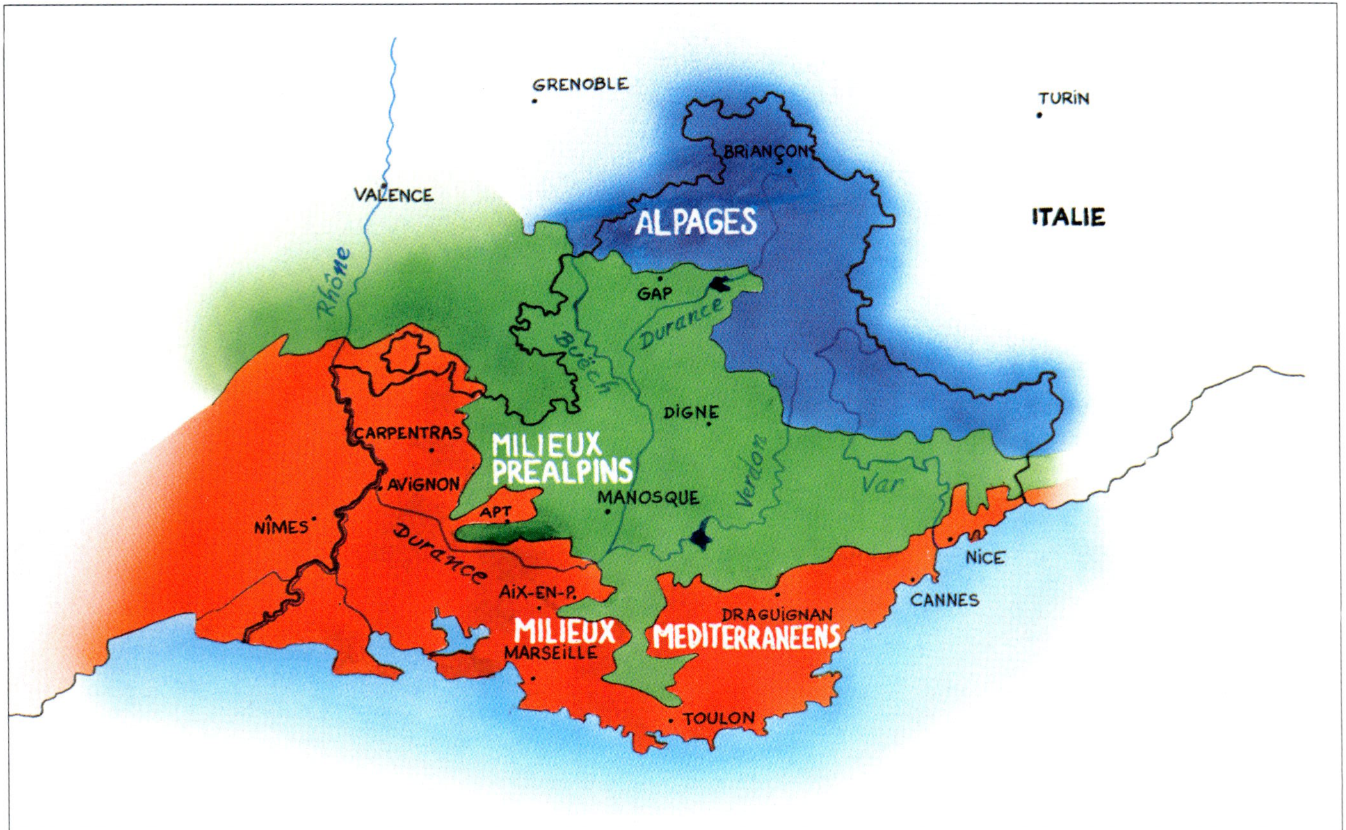
GRENOBLE
TURIN
BRIANÇON
VALENCE
ALPAGES
ITALIE
Rhône
GAP
Durance
Buëch
DIGNE
CARPENTRAS
MILIEUX
PREALPINS
AVIGNON
Verdon
Var
MANOSQUE
APT
NÎMES
Durance
NICE
AIX-EN-P.
CANNES
DRAGUIGNAN
MILIEUX
MEDITERRANEENS
MARSEILLE
TOULON

COMMENT UTILISER LE GUIDE PASTORAL

Cet ouvrage se veut un guide de terrain pour les praticiens et les techniciens de l'élevage, de la forêt, de l'environnement et de l'aménagement, pour les éleveurs, les enseignants et les étudiants, et pourquoi pas les amateurs de nature... Sa vocation est de les aider à identifier les principaux types de parcours existant dans la région, à choisir les modes de gestion pastorale les plus pertinents, à prendre en compte les autres enjeux de l'espace. Sans être exhaustif, ce guide couvre une très large gamme de situations, représentant la majeure partie des surfaces pâturées ou pâturables de la Région Provence-Alpes-Côte d'Azur et des régions limitrophes. Il est même encore valable pour des écosystèmes soumis à une influence méditerranéenne ou xérophile comme les coteaux calcaires de l'Est de la France.

Le Guide pastoral se présente en cinq parties :

• **La première partie traite de toutes les connaissances de base nécessaires** à une bonne lecture de l'ouvrage : notions sur les écosystèmes, les systèmes d'élevage, la conduite des troupeaux au pâturage, les interventions techniques, les équipements, les usages multiples.

• **Les trois parties suivantes décrivent successivement 24 milieux pastoraux** répartis en trois grandes zones géographiques, ce qui constitue le coeur de l'ouvrage. On peut y accéder directement grâce à **une bande de couleur placée sur la tranche extérieure des pages : BLEU pour les milieux d'alpages, VERT pour les milieux préalpins et ROUGE pour les milieux méditerranéens.** Chacune de ces parties s'ouvre sur un **tableau** facilitant le repérage rapide d'un milieu, puis se poursuit par des fiches de présentation détaillée de chacun des milieux décrits, ainsi que de leur(s) utilisation(s):

> *Après une **description** paysagère et quelques informations générales accompagnées d'une **photo** contribuant à sa reconnaissance visuelle, chaque milieu fait l'objet d'une **clé** définissant de façon détaillée tous les critères d'identification pour le reconnaître de façon sûre et le différencier des autres.*

Une importance particulière est accordée à la topographie et à la structure de végétation, qui permettent généralement une identification précise même avec une connaissance botanique limitée. Viennent ensuite les informations sur ***la ressource et l'utilisation pastorales****, qui couvrent de 1 à 4 pages. On précise selon les cas les différentes composantes de la ressource, la production en matière sèche par hectare et par an (kg MS/ha/an), la ressource en journées de pâturage de brebis (jbp/ha/an), de caprins ou de bovins. Les pratiques pastorales à mettre en oeuvre sont décrites, en gardiennage ou en parc, avec la saison, le chargement, le type d'animaux utilisateurs. Si elles se justifient, les interventions à objectif d'amélioration pastorale sont décrites avec leurs résultats et éventuellement leurs limites. Enfin, la plupart des présentations se termine par* ***les enjeux écologiques et environnementaux*** *du milieu. Les autres utilisations de l'espace, celles des forestiers, des chasseurs, des randonneurs... sont rapidement évoquées. Dans la mesure du possible, des propositions sont émises pour la mise en oeuvre, par les uns et les autres, de pratiques de gestion qui intègrent au mieux les intérêts de tous, ainsi que la protection du patrimoine écologique.*

• Enfin, **la dernière partie propose une flore illustrée des principales espèces caractéristiques des milieux pastoraux** afin de faciliter leur identification, ainsi qu'**un index des espèces végétales citées**, et enfin **un lexique des termes spécialisés** utilisés dans le corps de l'ouvrage.

Ne nous y trompons pas, la nature ne se laisse pas mettre en tiroirs. Dans bien des cas, le praticien aura le sentiment de se trouver dans un milieu intermédiaire entre deux descriptions du **Guide pastoral**. La prise en compte des informations contenues dans l'une et l'autre lui permettra le plus souvent d'effectuer lui-même les adaptations nécessaires. Notons par ailleurs, la mise en oeuvre des pratiques de gestion pastorale concerne aussi bien les systèmes d'élevage ovin que caprin et bovin. Cependant, les informations concernant le pâturage par des ovins sont beaucoup plus riches et détaillées que pour les autres espèces animales : cet élevage étant de loin le plus fréquent, il a donc fourni davantage de références.

ESPACES NATURELS ET PASTORALISME

LES ESPACES NATURELS : QUELQUES NOTIONS D'ÉCOLOGIE

La région Provence-Alpes-Côte d'Azur subit des contraintes naturelles qui sont autant de handicaps pour l'agriculture, et qui expliquent largement une très importante déprise rurale : relief accidenté, sécheresse estivale du climat méditerranéen, hiver rigoureux des montagnes… Ce sont aussi ces conditions qui expliquent l'existence de vastes espaces naturels extrêmement diversifiés qui couvrent plus des 2/3 de la superficie de la région : alpages, forêts, garrigues, maquis, pelouses sèches et steppiques… En libérant des terres agricoles difficiles, la déprise rurale, importante et ancienne, a elle-même encore accru ces espaces rendus à la dynamique naturelle.

Les troupeaux explorent et pâturent des territoires naturels très étendus et très variés : alpages, parcours, parcours boisés, friches… Pour en assurer la gestion, la compréhension des mécanismes écologiques qui commandent le fonctionnement des écosystèmes se révèle aujourd'hui d'une grande utilité.

❐ HABITATS, ÉCOSYSTÈMES, ÉTAGES DE VÉGÉTATION

Ce sont d'abord les facteurs écologiques naturels qui expliquent l'implantation des diverses espèces végétales : l'eau, la chaleur, la lumière, la nature chimique du substrat. Chaque espèce végétale, mais aussi animale, occupe ainsi un **habitat écologique** déterminé. L'ensemble des espèces végétales et animales (appelé **biocénose**) occupant un territoire particulier aux conditions écologiques bien déterminées (appelé **biotope**) constitue un **écosystème**. Les facteurs écologiques les plus déterminants sont l'altitude, l'exposition et le régime des précipitations.

On peut ainsi identifier **5 étages de végétation** (voir page suivante) qui couvrent chacun une tranche altitudinale de 500 à 600 m ; les forêts de chaque étage sont constituées de une ou deux essences forestières principales qui permettent de les caractériser et de les nommer :

CINQ ÉTAGES DE VÉGÉTATION

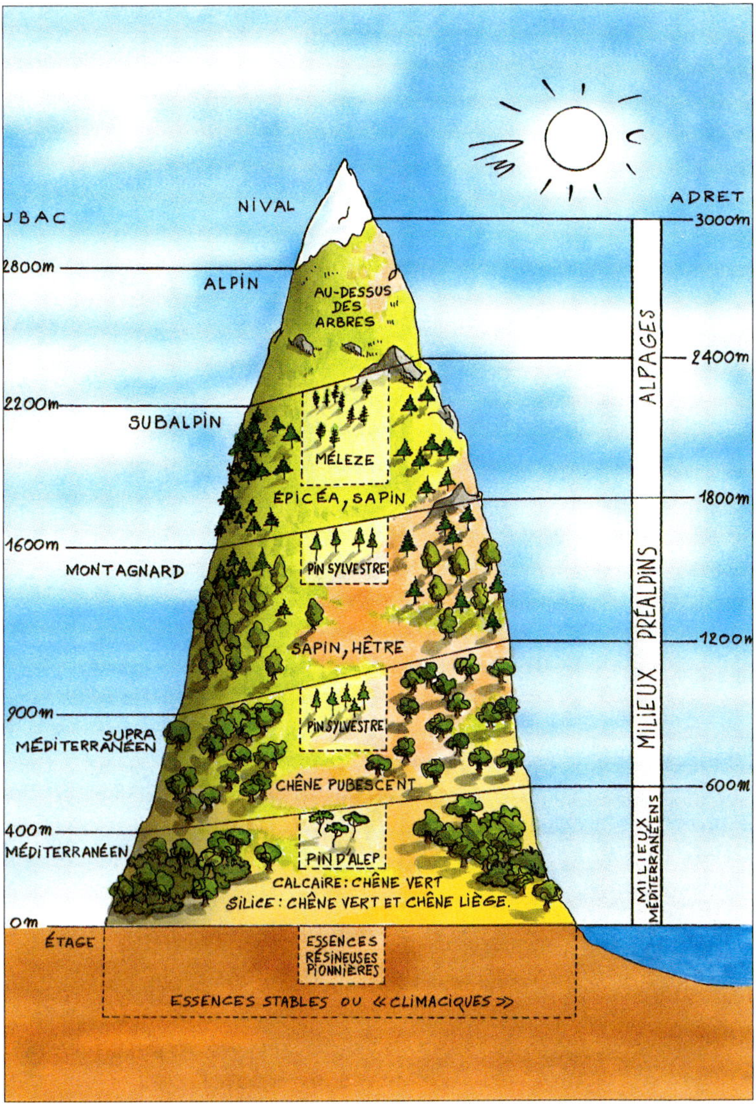

- **étage méditerranéen** (souvent appelé méso-méditerranéen) ou étage du chêne vert (et chêne liège sur substrat siliceux),
- **étage supra-méditerranéen** du chêne pubescent,
- **étage montagnard** du hêtre et du sapin,
- **étage subalpin** du mélèze et du pin à crochet,
- **étage alpin** au-dessus de la limite des arbres.

Ces essences forestières, chacune adaptée à des conditions climatiques précises sont souvent considérées comme formant des peuplements stables hors perturbations humaines. Elles sont appelées essences climaciques et la forêt qu'elles forment est appelée un climax.

❐ DYNAMIQUE DES FORMATIONS VÉGÉTALES

Dans un milieu ouvert, ou réouvert par l'incendie, une dynamique naturelle se met en oeuvre si l'homme ne s'y oppose pas par la culture, la fauche ou le pâturage. Des arbustes se développent, formant au bout de quelques années une lande, un maquis, une garrigue plus ou moins denses. Puis germent et se développent des résineux pionniers, pin d'Alep, pin sylvestre, mélèze. Il faudra bien plus longtemps aux feuillus pour se développer à l'abri de ces forêts de transition : au bout de quelques décennies, ce sont les chênes, le hêtre qui se substituent aux résineux.

Mais le plus souvent l'évolution est interrompue par l'action de l'homme : un nouvel incendie survient, un troupeau pâture, des débroussaillements ou des interventions forestières sont réalisées. Alors, des clairières sont réouvertes et la dynamique arbustive redémarre. Ainsi, en fonction de la vigueur de la dynamique arbustive, de la fréquence des incendies et de l'intervention des gestionnaires, une mosaïque se forme, constituée de plages herbacées, de landes plus ou moins denses, de bosquets ou d'arbres isolés.

❐ BRÈVE HISTOIRE DES ÉCOSYSTÈMES...

De tous temps, les formations végétales ont été en permanence remaniées. Si des forêts climaciques ont pu, avant l'action conséquente de l'homme, constituer le paysage dominant, elles étaient cependant en mélange avec des formations ouvertes façonnées par des **phénomènes climatiques accidentels** (incendies, tempêtes,...) et la pression de **grands troupeaux herbivores sauvages**. Les animaux tendaient à se concentrer dans les clairières ouvertes accidentellement et sur les crêtes, et ainsi entretenir **la biodiversité.**

L'homme n'a fait que reprendre et amplifier les mêmes mécanismes écologiques depuis quelques millénaires : déboisements, incendies, constitution de troupeaux domestiques. Son action déterminante a considérablement étendu les espaces ouverts au détriment des forêts et des sols, à une échelle telle que les scientifiques et les gestionnaires ont dû réagir au XIXe siècle. Leur intervention a coïncidé avec une déprise rurale importante. Et le retournement de situation est spectaculaire depuis un siècle et demi : reboisements, enrésinement spontané et embroussaillement généralisé ont considérablement réduit les espaces ouverts, leur maintien devenant, dans notre région, l'un des enjeux majeurs de la biodiversité.

BIODIVERSITÉ ET GESTION DES ÉCOSYSTÈMES

Aujourd'hui, de vastes espaces naturels sont abandonnés à la broussaille et à l'enrésinement. Bien souvent l'action de l'homme s'y résume à une simple cueillette : pâturage très extensif, récolte de bois de chauffage, chasse… Et les mécanismes écologiques spontanés qui régulaient la biodiversité n'ont plus cours librement. Aussi une inquiétude est née : ne va-t-on pas progressivement vers une banalisation du territoire, une couverture homogène de broussailles et de boisements pauvres en essences ? Comment peut-on sauvegarder les espèces rares souvent inféodées à un milieu particulier ? Ne faut-il pas substituer une action spécifique à la régulation spontanée de la nature ou de l'agriculture, qui font l'une et l'autre défaut aujourd'hui ?

Gérer la biodiversité, c'est un objectif largement partagé par les gestionnaires des espaces naturels. Mais pour gérer, il faut connaître, dégager des priorités et posséder les outils nécessaires. Selon la définition de l'Académie des Sciences, *"la présence d'espèces différentes, la diversité des individus et l'existence de communautés très variées sont les fondements de la biodiversité"*. Et selon la définition de l'OCDE (Organisation de Coopération et de Développement Économique), *"par biodiversité, on entend la variété du vivant à tous ses niveaux : gênes, espèces, populations, écosystèmes, ainsi que les processus naturels qui assurent la perpétuation de la vie sous toutes ses formes"*.

Ainsi, pour le gestionnaire, assurer le maintien d'une mosaïque de structures végétales variées sur un site permet de multiplier les habitats pour des espèces végétales et animales plus nombreuses. Diverses études scientifiques l'ont amplement démontré. Et cette gestion peut tout à fait être dynamique, jouer sur les successions de communautés végétales herbacées, arbustives et arborées dans le temps, tout en assurant des activités pastorales, forestières et cynégétiques.

Mais dégager des priorités s'avère nécessaire dès lors que les moyens financiers ne sont pas illimités. L'État, puis l'Union Européenne s'y sont attelés, à travers les programmes ZNIEFF (Zones Naturelles d'Intérêt Écologique, Floristique et Faunistique), HABITATS et NATURA 2000. Ils visent à *"prendre en compte les éléments écologiques, biologiques et géologiques les plus rares ou les plus représentatifs"* (ZNIEFF), ou encore à *"protéger non seulement les plantes et les animaux les plus menacés, mais surtout des types d'habitats naturels en tant que tels"* (HABITATS) et représentent une *"contribution à la réalisation de la convention sur la biodiversité adoptée à Rio de Janeiro en 1992"* (NATURA 2000).

C'est donc le niveau de menaces pesant sur une espèce ou un écosystème qui va entraîner une action prioritaire. Et pour apprécier cette menace, les scientifiques peuvent s'appuyer sur quelques critères que l'on peut définir ainsi :

- **la rareté ou l'abondance** de l'espèce ou de l'écosystème ;
- **la régression ou la stabilité :** une population ou un écosystème rare mais stable ne nécessite pas de mesures aussi urgentes qu'une espèce en régression rapide ;
- **l'irréversibilité ou la réversibilité de l'évolution** conditionne l'urgence et la faisabilité d'une action. Ainsi, restaurer le coussou de Crau est impossible après que la cuirasse imperméable du sol ait été défoncée, alors que certains milieux ouverts sont faciles à restaurer avec un débroussaillement ;

Le Sabot de Vénus,
une espèce rare d'orchidée (forêts de l'étage subalpin)

- **la spécialisation plus ou moins forte** d'une espèce ou d'un écosystème, enfin, met en évidence la valeur des différents habitats. Les espèces et les écosystèmes les plus remarquables sont le plus souvent très spécialisés : milieux salés, inondables, steppiques, crêtes ventées. Toute atteinte à ces habitats ne peut être compensée ailleurs. A l'inverse, certaines espèces ou associations rares mais peu spécialisées peuvent facilement être restaurées en de nombreux lieux à condition de pratiquer une gestion adaptée : par exemple les plantes messicoles ou les grands mammifères aujourd'hui raréfiés.

La mise en oeuvre d'une gestion visant à maintenir la biodiversité passe par une large concertation avec les différents intervenants sur les espaces naturels. L'action menée peut se heurter aux pratiques des éleveurs, des agriculteurs, des chasseurs ou des forestiers. Un compromis acceptable par chaque partie devra alors être trouvé. Heureusement, ce sont souvent des écosystèmes variés et de qualité qui satisfont le mieux les attentes des bergers comme des chasseurs, des forestiers comme des randonneurs.

❐ LES RISQUES D'INCENDIE

En région méditerranéenne, la prise en compte des risques d'incendie est une contrainte lourde qui s'impose à tous les gestionnaires des espaces naturels.

Les principaux facteurs de risques sont les suivants :

- **la rigueur des conditions climatiques :** sécheresse, chaleur, vent. Des prévisions météorologiques spécialisées existent pour alerter les gestionnaires sur les périodes les plus dangereuses ;
- **le relief du terrain ;** le feu se propage plus vite et est plus difficile à combattre en terrain accidenté ;
- **la structure de la végétation :** la présence d'une strate combustible au sol (litière et feuilles sèches) favorise les départs de feu ; la continuité verticale (litière, herbe, petits buissons, grands buissons, branches basses, cimes) et horizontale (pas de cloisonnement des massifs) est le facteur principal de propagation de l'incendie ; enfin, l'inflammabilité et la combustibilité des espèces sont également des critères importants ;
- **les mises à feu** accidentelles ou criminelles.

Les massifs forestiers littoraux cumulent tous ces critères et présentent donc des risques extrêmement importants. Ainsi, dans ce que les pompiers et les forestiers classent en "zone rouge", un bon critère de risque est la périodicité du retour de l'incendie sur une même parcelle ; sur les garrigues et maquis par exemple, on peut constater que le feu revient tous les 10 à 30 ans. C'est pourquoi on trouve depuis déjà pas mal d'années des mesures de prévention et d'intervention, la **"D.F.C.I."** (Défense des Forêts Contre l'Incendie). En remontant dans l'arrière-pays, le risque est moindre, et devient davantage lié aux accidents climatiques, sécheresse prolongée et vent violent ; mais avec l'embroussaillement généralisé de ces zones, ces risques sont pourtant pris en considération et font apparaître des mesures de prévention DFCI jusqu'en moyenne montagne.

LES ESPACES NATURELS : DES RESSOURCES PASTORALES POUR LES TROUPEAUX

Les parcours concourent à l'alimentation du troupeau dans de nombreux systèmes d'élevage de la région. Ils participent à la production d'agneaux, de lait et de fromages fermiers dans les élevages ovins ou caprins, de viande bovine dans les troupeaux allaitants de bovins domestiques… ou même sauvages (taureaux de Camargue).

La part qu'occupe le parcours dans l'alimentation des troupeaux est très variable. Elle dépend principalement de "l'offre pastorale" et de la "demande alimentaire" :

- **l'offre alimentaire du parcours** est caractérisée par les surfaces pastorales disponibles, leur qualité et leur diversité ;
- **la demande des animaux** correspond à leurs besoins physiologiques ; elle dépend de l'objectif de productivité recherché par l'éleveur : rythme de reproduction, croissance des animaux destinés à la viande, niveau de lactation.

❐ L'OFFRE PASTORALE

La ressource pastorale est par nature diverse et complexe, constituée d'espèces parfaitement adaptées aux conditions écologiques du lieu : sol et climat. Elle est constituée d'herbe, du feuillage des arbustes et des arbres, des fruits des arbres. Sur le plan quantitatif, cette ressource voit son développement ralenti par les contraintes climatiques (froid hivernal, sécheresse estivale) qui réduisent la saison d'utilisation.

— La strate herbacée :

Les aléas climatiques qui caractérisent le climat méditerranéen entraînent une forte variation quantitative et qualitative de la ressource herbacée : elle varie couramment du simple au double entre une année sèche et une année humide. Ces fluctuations s'expliquent également par la faible réserve en eau des sols, qui rend la strate herbacée —et d'abord les annuelles— très sensibles aux effets immédiats des pluies.

Au sein de la strate herbacée, on distingue plusieurs composantes :

• **Le fonds pastoral** est constitué généralement de graminées pérennes et de carex, qui résistent bien aux variations climatiques et fournissent chaque année une ressource pastorale de base. Ce fonds pastoral est caractérisé par :
- un pic principal de production au printemps, qui peut se situer entre début avril et fin juillet selon l'altitude,
- une baisse progressive d'appétence tout au long du printemps, qui permet d'étaler plus ou moins le pâturage sur cette saison,
- une sécheresse estivale qui s'atténue avec l'altitude,
- enfin un pic secondaire à l'automne (sauf étage alpin) qui permet un pâturage des repousses.

Certaines espèces permettent un report de pâturage du stock sur pied de la pousse du printemps à contre-saison (automne ou hiver) : carex humble, aphyllante, brachypode rameux et brachypode penné en milieu boisé.

• **Les espèces qui réagissent vivement aux pluies,** les annuelles et les légumineuses. Leur production est aléatoire. Les légumineuses ont une bonne valeur fourragère mais sèchent vite et leur pâturage ne peut être reporté.

• **Les refus :** certaines graminées dominantes dans la pelouse sont refusées partiellement ou totalement par les animaux. Pour beaucoup d'entre elles, une gestion pastorale contraignante permet de les faire consommer au moins partiellement (fétuque paniculée, brachypode de Phénicie). Pour d'autres (nard), seul un parcage de nuit des animaux permet de les réduire. Parmi les autres espèces refusées, on trouve des espèces piquantes (chardons), toxiques (euphorbes), ou des plantes en rosette (épervière piloselle) dont les feuilles se situent au ras du sol et sont difficiles à saisir. Nombre d'entre elles sont indicatrices d'une fréquentation excessive par le troupeau.

Croissance en hauteur d'églantiers et d'aubépines par effet de pâturage

— Arbustes et arbres :

Les arbustes et les branches basses des arbres fournissent aux animaux leurs rameaux de l'année et leur feuillage qui restent appétents en été ainsi

Rameaux nanifiés d'un chêne pubescent

qu'en hiver, pour les espèces à feuilles persistantes (voir tableau page 38).

Cependant, la consommation du feuillage des arbustes affecte la pousse de l'année suivante. L'arbuste réagit, soit en réorientant sa croissance en hauteur (effet d'élagage), soit en prenant un port prostré avec des feuilles nanifiées, signe de dépérissement.

Si l'on recherche le renouvellement de la ressource arbustive, le prélèvement ne doit pas excéder un seuil approximatif de 30 % de la pousse arbustive annuelle.

Les arbres fournissent également leurs fruits (glands et châtaignes) en automne. C'est une production très saisonnière (ils pourrissent vite au sol) qui peut être très importante mais est souvent variable. Les fruits sont très recherchés pour leur grande valeur énergétique.

Enfin, les arbustes et surtout les arbres, entretiennent par leur ombre une certaine fraîcheur qui prolonge l'appétence des espèces herbacées ; cependant, l'herbe à l'ombre est souvent moins bien mangée par les animaux.

❐ LA "DEMANDE ALIMENTAIRE", OU LES BESOINS DES ANIMAUX

A l'intérieur d'un troupeau, les besoins alimentaires de chaque individu varient en fonction de son stade physiologique tout au long du cycle de production. On peut distinguer des niveaux de besoins forts (allaitement ou lactation, croissance des jeunes destinés à la viande), moyens (fin de gestation, croissance des jeunes destinés au renouvellement, retape), faibles (entretien et début de gestation). La courbe annuelle des besoins énergétiques des animaux sera très différente d'un système de production à l'autre.

De façon générale, l'intensité et la durée de la période de production sont déterminées par l'objectif technico-économique de l'éleveur : pour un élevage ovin viande, il s'agira du rythme plus ou moins accéléré de mise en lutte des brebis et du type d'agneau produit (poids et âge à la vente) ; pour un élevage caprin laitier, du niveau et de la durée de lactation.

Pour satisfaire les besoins des animaux, l'éleveur construit un calendrier de pâturage dans lequel il associe tout au long de l'année des ressources pastorales diversifiées à une production fourragère pâturée ou fauchée, et à des aliments complémentaires achetés.

Au sein de ce calendrier de pâturage, les parcours peuvent prendre une place plus ou moins importante. Ainsi, les systèmes d'élevage les plus économes nécessitent l'accès à des parcours étendus et diversifiés, avec des objectifs modérés de production par animal, mais compensés par l'effectif élevé du troupeau ; la transhumance d'animaux en été sur l'alpage, en hiver sur les zones côtières traduit cette recherche de ressources pastorales diversifiées à faible coût. Mais des systèmes de production plus intensifs, sédentaires, à forte valorisation du produit, comme les élevages caprins fermiers peuvent avoir recours à l'alimentation sur parcours, complétée par la distribution d'aliments concentrés en chèvrerie pour diminuer les frais d'affouragement.

❒ DES SYSTÈMES D'ÉLEVAGE QUI UTILISENT LA COMPLÉMENTARITÉ DES MILIEUX NATURELS

De tous temps, les éleveurs ont mis à profit la diversité de la ressource pastorale pour limiter les périodes où il faut distribuer du foin aux animaux. Or, l'étagement altitudinal, le décalage entre les versants d'adret et d'ubac, la présence ou non de parcours boisés… créent une très grande diversité des milieux naturels utilisables par un troupeau. Du littoral aux alpages, le démarrage de la pousse de l'herbe s'étale sur six mois de l'année. Ainsi, du mois de mars au mois d'août, il y a toujours en Provence un type de parcours ou d'alpage où l'herbe est en train de pousser fraîche et verte pour offrir une pâture au troupeau. Si l'on y ajoute la possibilité pour le troupeau de pâturer à contre-saison certains milieux boisés, c'est toute l'année que cette opportunité demeure (voir tableau page suivante).

Autour de l'exploitation, les éleveurs combinent, pendant une durée plus ou moins longue de l'année, des "herbes de printemps" (prairies cultivées ou naturelles) et les "regains" d'automne, l'estive en alpage ou sur parcours (l'"estive locale" de ceux qui ne vont pas en alpage), des parcours de demi-saison (les "parcours d'inter-saison" des éleveurs de montagne, au printemps et à l'automne, entre l'hiver en bergerie et l'alpage) boisés ou non. A noter que la repousse de l'herbe est toujours aléatoire : entre septembre et novembre, elle ne peut pas redémarrer avant les premières pluies d'automne, et elle est vite interrompue par les premiers froids.

POUSSE DE L'HERBE ET PÉRIODES DE PÂTURAGE

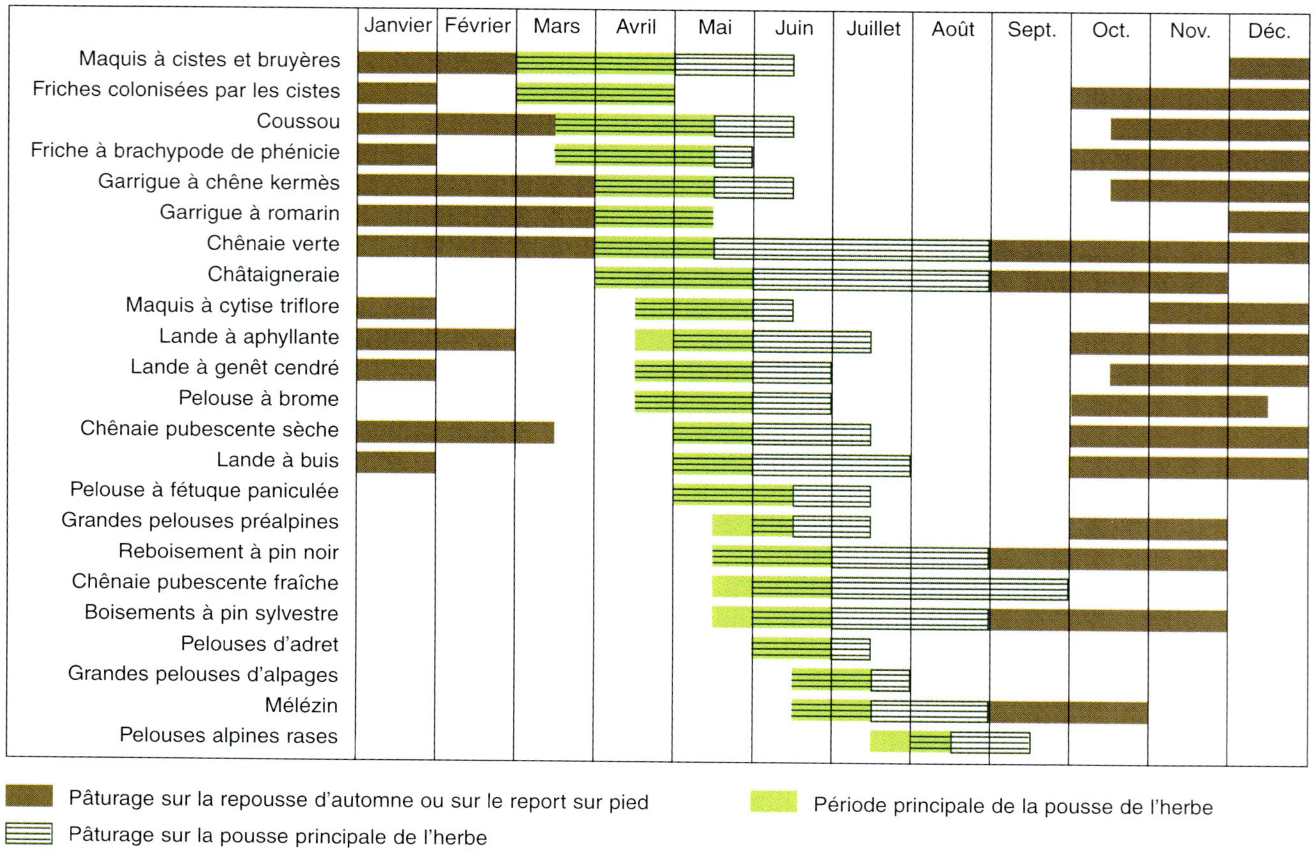

A l'échelle de la région, bon nombre de systèmes d'élevage sont transhumants, exploitant successivement les milieux méditerranéens et les alpages. C'est par exemple le cas des systèmes ovins de Crau qui estivent 4 mois en alpage, ou encore de certains systèmes bovins de montagne qui, à l'inverse, passent 5 mois en transhumance hivernale sur les parcours boisés du Var.

D'autres systèmes encore sont véritablement calqués sur la succession de la pousse de l'herbe dans les différents milieux pastoraux de la région. Il s'agit de systèmes très extensifs d'élevage ovin appelés "herbassiers", on pourrait presque les qualifier de systèmes nomades. Ils enchainent tout au long de l'année plusieurs "places d'herbe", et leurs structures d'exploitation (batiments, terres cultivables...) sont très réduites.

❒ DES CONDUITES DE TROUPEAU ADAPTÉES AU PASTORALISME :

L'organisation du calendrier d'alimentation se fait par approximation successive. On privilégie d'une part les phases de production du troupeau à fort niveau de besoin qui seront couvertes le plus souvent par une ressource fiable et de qualité : surfaces fourragères et pelouses d'altitude, ou foin et repousses de prairie en fin d'hiver. D'autre part, les ressources pastorales se dégradant vite (friches et jachères) seront pâturées aux périodes les plus favorables. Les ressources pastorales moins dépendantes de la saison viendront combler les périodes de déficit alimentaire pour les lots à faibles besoins (parcours boisés hivernaux et de fin de printemps). Elles participeront à la souplesse et aux régulations du calendrier, en complément des surfaces plus sensibles aux aléas climatiques. Plus généralement, on peut dire de la conduite du troupeau sur parcours qu'elle vise à ajuster au mieux l'offre alimentaire de ces parcours aux besoins des animaux au moyen d'une gestion pastorale appropriée, afin de remplir les objectifs de production recherchés par l'éleveur.

L'allotement du troupeau et le recours maîtrisé à l'amaigrissement temporaire de certains animaux sont deux des pratiques les plus fréquentes chez les éleveurs pour adapter la demande alimentaire animale aux ressources disponibles. Mais l'adaptation peut se faire aussi par la conduite du troupeau au pâturage.

— **Regrouper des lots d'animaux aux besoins plus homogènes :** l'évolution de la composition du troupeau et des états phy-

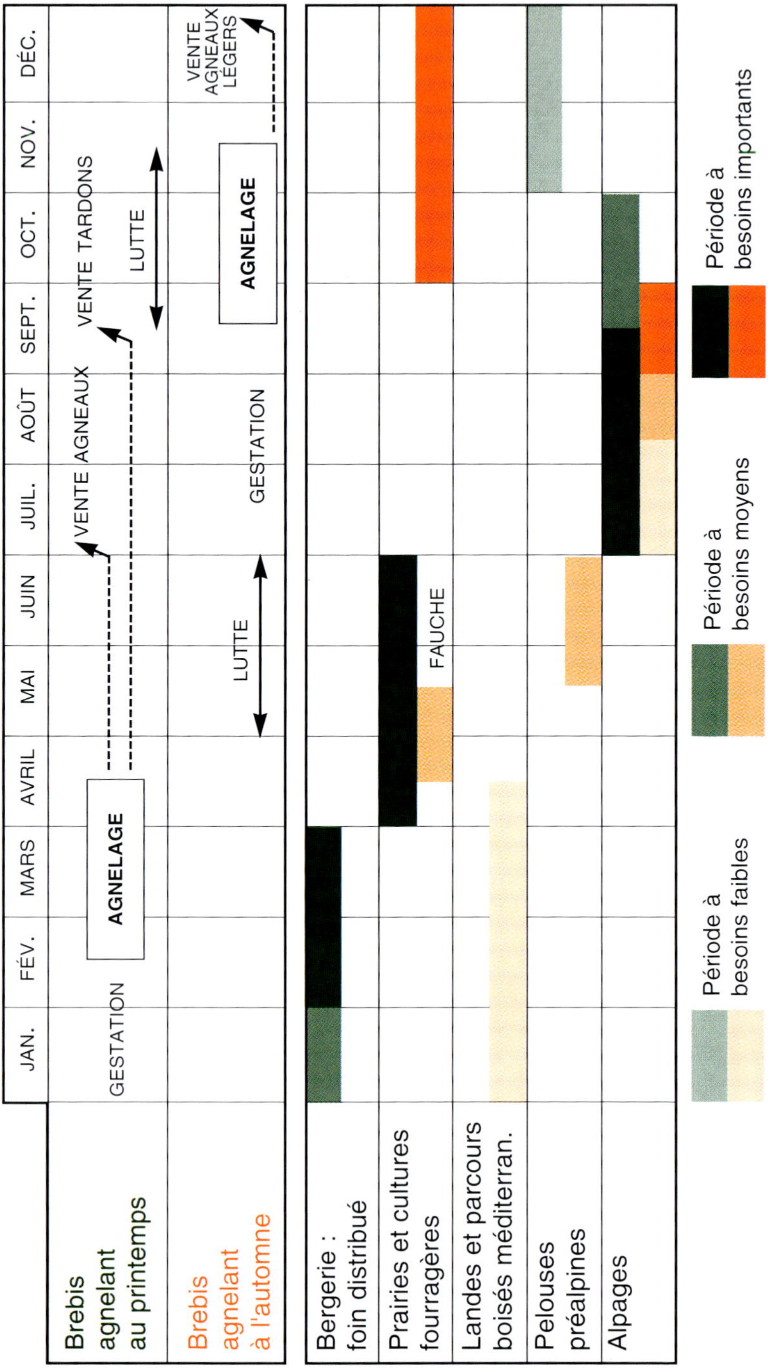

JAN.
FÉV.
MARS
AVRIL
MAI
JUIN
JUIL.
AOÛT
SEPT.
OCT.
NOV.
DÉC.
Brebis agnelant au printemps
GESTATION
AGNELAGE
VENTE AGNEAUX
VENTE TARDONS
LUTTE
Brebis agnelant à l'automne
LUTTE
GESTATION
AGNELAGE
VENTE AGNEAUX LÉGERS
Bergerie : foin distribué
Prairies et cultures fourragères
FAUCHE
Landes et parcours boisés méditerran.
Pelouses préalpines
Alpages
Période à besoins faibles
Période à besoins moyens
Période à besoins importants

siologiques des animaux amène l'éleveur à constituer périodiquement des lots (allotement) aux besoins plus homogènes afin de mieux assurer leur satisfaction aux moments-clés du système de production ; par exemple, pour un élevage ovin viande transhumant : mise-bas, sevrage des agneaux, transhumance (voir tableau page ci-contre). Ainsi le "vassieu" regroupe généralement dans les troupeaux ovins l'ensemble des animaux à besoins faibles ou moyens : brebis adultes non allaitantes et jeunes femelles destinées au renouvellement, accompagnées des béliers en période de lutte.

Un exemple de répartition des besoins physiologiques sur l'année : couple "mère + agneau", avec vente à 4 mois de l'agneau coureur.

— **JOUER SUR LES CAPACITÉS D'ADAPTATION DES RACES RUSTIQUES *(GESTION DES RÉSERVES CORPORELLES)* :** l'ensemble des ruminants possède une capacité à stocker puis à mobiliser des réserves de gras corporelles. Cette capacité peut être gérée par les éleveurs pour amortir certaines périodes de pénurie alimentaire, quand leur succède une phase de retape où les animaux reconstituent leur réserve. Le cycle de la brebis Mérinos d'Arles agnelant sur les prés de Crau à la descente d'alpage est exemplaire de cette aptitude à la récupération : les réserves corporelles se reconstituent chaque année au printemps et en début d'estive pour être mobilisées en fin de gestation et pendant l'allaitement (mi-août à février).

— **JOUER SUR L'INTENSITÉ DU PRÉLÈVEMENT PAR LE TROUPEAU :** L'offre du parcours est hétérogène et les herbivores effectuent un tri pour consommer les espèces ou les parties végétales les plus appétentes. Ainsi, sur une même végétation, un premier passage des animaux leur permettra de se constituer une ration de qualité, de valeur nettement supérieure à la moyenne de la ressource disponible. Un gardiennage plus serré, obligeant à une consommation plus complète de la végétation ou une repasse sur cette végétation déjà parcourue, fournira un repas de moindre qualité. Il en est de même si l'on prolonge un séjour en parc.

L'intensité du prélèvement sera donc adaptée par l'éleveur au niveau des besoins à couvrir.

— **Organiser des circuits de pâturage :** sur une journée de pâturage, le berger conduit le troupeau successivement sur des secteurs différents et complémentaires, afin d'assurer au troupeau une ration journalière équilibrée : graminées grossières ou ligneux qui apportent le lest, pelouse de meilleure qualité qui couvre la partie azotée de la ration.

— **Associer des ressources pastorales et fourragères :** le pâturage sur parcours n'assure parfois qu'une partie de la ration quotidienne des animaux : une distribution de complément en bergerie ou un passage sur une culture fourragère (soupade) peuvent compléter la ration prélevée sur parcours. L'association de ressources permet également de relancer l'appétit du troupeau quand la ressource est peu appétente.

— **Mobiliser des secteurs de réserve pour les périodes de soudure :** un calendrier d'alimentation à base de ressources pastorales en région méditerranéenne doit fonctionner avec des marges de sécurité et doit pouvoir se dérouler avec souplesse. Ainsi, les périodes de transition sont délicates (soudure hiver-printemps, été-automne) dans l'attente d'un redémarrage de la végétation qui peut tarder. Certains types de parcours, dont la ressource se conserve bien sur pied et dont le pâturage peut être reporté à ces périodes délicates (landes à aphyllante, certains parcours boisés), assurent ces fonctions de souplesse indispensables. Ces secteurs de réserve peuvent également être mobilisés les années sèches.

LA CONDUITE DES TROUPEAUX EN ESTIVE SUR LES ALPAGES

Un **alpage** est le territoire qui reçoit un troupeau en altitude (à partir de 1500 à 1600 mètres) pendant une saison d'été ("**estive**"), soit 3 à 5 mois. On l'appelle également **unité pastorale.**

❐ LE RELIEF DE LA MONTAGNE

La gestion pastorale d'un alpage dépend d'abord de la configuration générale de la montagne et de son dénivelé, qui vont déterminer en particulier l'étalement de la pousse de l'herbe :

- un plateau, plus ou moins vallonné, offrira peu de dénivelé et donc peu de variété de ressources. L'étalement de la ressource ne dépassera pas 15 jours ; en août, le pâturage sera médiocre,

- un grand versant offrira un dénivelé important mais son exposition sera peu variée. La ressource s'étalera sur 1 mois environ. En adret, l'alpage sera précoce mais médiocre au mois d'août ; à l'inverse, en ubac, l'alpage sera tardif mais offrira un pâturage d'août intéressant,

- un grand vallon se caractérisera par un dénivelé important et des expositions variées, et permettra un étalement de la ressource sur 2 mois.

❐ LES QUARTIERS DE PATURAGE

Le pâturage s'organise par grandes périodes d'environ un mois pendant lesquelles le troupeau utilise des parties de l'alpage que l'on appelle quartiers. Chaque quartier comprend en principe un équipement autonome : une cabane, un parc de soins, un point d'eau au minimum. Les quartiers précoces possèdent en plus un parc de tri et un parc de nuit. L'absence d'un de ces équipements peut être une cause de dysfonctionnement d'une unité pastorale, obligeant le troupeau à des déplacements répétés source de dégradations. Chaque quartier correspond en principe à **un étage de végétation où l'herbe s'épanouit au moment où le troupeau l'exploite.**

C'est ainsi que l'on distingue :

- **un ou deux quartiers précoces** où le troupeau arrive lors de la montée en estive (mi-juin) et qu'il utilise jusqu'à la fin du mois de juillet ; ils sont situés en bas d'alpage et correspondent à peu près à l'étage subalpin, parfois au haut de l'étage montagnard ;
- **un quartier d'août,** en altitude, correspondant idéalement à l'étage alpin, où une herbe rase et tardive permet au troupeau de passer le mois d'août lorsque l'herbe a séché plus bas ; en l'absence d'une pelouse alpine suffisamment vaste, le quartier utilisé au mois d'août se situera dans l'étage subalpin ;
- quelques alpages possèdent un vrai **quartier de septembre**, un ubac pas trop froid ou une zone boisée, un mélézin. Mais le plus souvent le troupeau revient sur les quartiers précoces et consomme l'herbe restante et les repousses.

Le déséquilibre entre un quartier précoce trop vaste et un quartier d'août insuffisant est une cause fréquente de dysfonctionnement en estive : des refus nombreux en bas d'alpage risquent de cohabiter avec un surpâturage en altitude.

❐ LES SECTEURS ET LEUR APTITUDE PASTORALE

Les obstacles naturels découpent l'alpage en unités, entre lesquelles la circulation du troupeau est contraignante et au sein desquelles le troupeau peut se déployer et pâturer. Les barrières principales sont géomorphologiques (barres rocheuses, crêtes, ravins, éboulis) ou liées à la végétation (broussailles denses). Des obstacles secondaires sont constitués de reliefs moins prononcés (croupes, ruptures de pente) qui modifient fortement le comportement du troupeau. Les unités ainsi constituées sont appelées secteurs. **Un secteur de pâturage est donc une unité géomorphologique au sein de laquelle le comportement du troupeau est homogène.**

L'aptitude pastorale d'un secteur dépend de la forme de son relief ainsi que de la qualité de sa ressource. Certaines formes de relief entraînent des contraintes au pâturage : reliefs convexes, ravinés, entrecoupés de barres, embroussaillés ou encore éboulis. La visibilité interindividuelle au sein du troupeau est alors mauvaise et le troupeau tend à courir pour se retrouver plutôt que de pâturer. Les reliefs concaves réguliers permettent au contraire d'obtenir des comportements de pâturage tranquilles et intenses.

• On peut définir différents types de secteurs **selon la qualité de la ressource :**

- les bases de pâturage spontanées : la ressource est importante, la forme et la végétation du secteur sont attractives, le micro-relief ne crée pas de gêne au déplacement du troupeau. La ressource de ces secteurs sera bien consommée : le berger devra veiller à ce que le secteur ne soit pas surpâturé ;

Une base de pâturage spontanée...

- les bases de pâturage contraintes : la ressource est importante mais la forme générale du secteur, la végétation ou le micro-relief ne sont pas favorables au pâturage (le troupeau ne peut pas se déployer, la visibilité des animaux entre eux est limitée, la végétation est peu appétente). Le berger devra contraindre le troupeau pour qu'il consomme la ressource disponible ;

- les bases partielles de pâturage : la ressource est moyenne, soit parce que la végétation est plus clairsemée, soit parce que la surface du secteur est restreinte. On peut, comme dans le cas précédent, distinguer des bases partielles spontanées et des bases partielles contraintes ;

- les secteurs annexes : la ressource pastorale est faible mais le secteur est attractif pour le troupeau et s'intègre bien dans un circuit ;

- les secteurs marginaux : la ressource pastorale est faible et de plus, le secteur est peu attractif pour le troupeau ou difficile à intégrer dans un circuit (accès difficile ou position excentrée).

❒ SITUATION GEOGRAPHIQUE ET FONCTIONS PARTICULIERES DES SECTEURS

• **La localisation** des différents secteurs par rapport aux principaux équipements est une contrainte forte pour la conduite des troupeaux.
On distingue :

- des secteurs centraux, où sont regroupés les principaux équipements : cabane, point d'eau, parc de nuit ; ils seront toujours très pâturés ;

- des secteurs carrefours, appartenant à plusieurs circuits de pâturage. Le troupeau est obligé d'y passer souvent lors de la saison. Comme sur un secteur central, les risques de surpiétinement existent et posent des problèmes particuliers lorsqu'il s'agit en même temps de secteurs fragiles en terme d'érosion ;

- des secteurs excentrés, qui risquent d'être sous-utilisés, en particulier avec une conduite lâche du troupeau, ou au contraire sur-utilisés une fois que le berger s'est donné la peine d'y conduire le troupeau.

• Selon leurs caractéristiques, certains secteurs peuvent de plus remplir des **fonctions particulières** pour le troupeau et pour le berger :

- secteur abri : il s'agit d'une zone abritée, généralement boisée, que l'on réservera pour les jours de mauvais temps, en particulier de neige ;

- secteur de dépannage : c'est une base de pâturage spontanée, que le berger réserve pour les jours où il doit s'éloigner ; cette fonction peut également être remplie par la création d'un parc clôturé ;

- secteur permettant le sevrage des tardons (agneaux de printemps qui montent en alpage avec leur mère) ; une bonne base de pâturage excentrée permettra d'isoler les agneaux de leur mère en leur fournissant une herbe de qualité.

❐ LES CIRCUITS DE PÂTURAGE

Un circuit de pâturage correspond au **territoire parcouru par le troupeau au cours d'une journée.** L'organisation des circuits de pâturage par le berger répond à quelques règles simples, en fonction de l'aptitude pastorale des secteurs, leur phénologie, les passages entre secteurs et les points particuliers. Un circuit associe au moins 2 secteurs (jusqu'à 5 ou 6 en automne) et est effectué plusieurs jours de suite.

Chaque circuit quotidien se décompose en deux demi-circuits ponctués par la chôme à midi et la couche le soir ; il doit englober un point d'eau (ou au minimum une fois tous les deux jours). Chaque demi-circuit du matin ou de l'après-midi doit comprendre une base de pâturage ou au moins une base partielle associée à un complément (qui peut être constitué d'une autre base partielle ou encore d'un secteur annexe ou marginal).

Les circuits se construisent **dans le temps :**

- prévoir une surface suffisante pour la demi-journée (le troupeau n'accepte pas de manger au même endroit pendant plusieurs heures) ;

- affecter les demi-circuits les plus courts aux matinées ;

- éviter de commencer la matinée sur une végétation de bonne qualité (les animaux mangent peu de toute façon) ;

- préférer un secteur ensoleillé de bonne heure le matin (les animaux acceptent mal l'herbe mouillée) ;

- préférer, pour les débuts d'après-midi par temps chaud, un secteur à l'ombre, qui favorise la reprise du pâturage.

Les circuits se construisent aussi **dans l'espace :**

- éviter de faire parcourir au troupeau des distances et dénivelés trop importants ;

- faire pâturer les pentes dans le sens de la montée ;

- préférer les trajets conformes au **biais** de la montagne (agencement du relief qui crée des axes de circulation préférentiels pour le troupeau, en fonction des obstacles, de la pente, de la visibilité).

Le biais du troupeau est souvent marqué par des drailles

La localisation de certains équipements peut permettre d'améliorer les circuits de pâturage : localisation de la distribution du sel, aménagement d'un point d'eau, installation d'un parc de nuit.

❐ DES CONTRAINTES POUR LE PATURAGE

L'utilisation de l'alpage est soumise à des contraintes inhérentes aux nécessités pastorales. Ces contraintes internes sont liées au relief, à la localisation des équipements, à la disponibilité en eau mais aussi à certains types de végétation difficiles à exploiter : il s'agit en particulier de la fétuque paniculée, qui n'est consommée par les ovins que tôt en saison, avec un pâturage contraint, et du nard, qui ne peut être correctement contrôlé que par l'implantation de parcs de nuit tournants.

D'autres sortes de contraintes sont externes à l'utilisation pastorale et sont imposées au berger par d'autres utilisateurs des alpages (sylviculture dans le mélézin, fréquentation touristique) ou par des enjeux environnementaux ou patrimoniaux prioritaires : protection de certaines espèces végétales (chardon bleu) ou animales (zones de nidification du tétras-lyre), protection de zones érodées, de murets, terrasses…

Ces contraintes externes s'intégreront facilement à la conduite du troupeau si elles s'exercent sur des secteurs marginaux. Par contre, s'il s'agit d'un secteur stratégique (secteur central, secteur carrefour, base de pâturage importante à une saison donnée), la cohabitation avec le troupeau est plus difficile ; elle risque d'entraîner une modification importante de l'activité pastorale sur les circuits englobant le secteur considéré, voire remettre en cause l'exploitation de l'unité pastorale ; un choix majeur est alors posé au gestionnaire.

*Flore et faune remarquables peuvent faire bon ménage avec le pâturage d'un troupeau : la **nigritelle** (ou "orchis vanillé", ci-contre), et le **chamois**…*

LA CONDUITE DES TROUPEAUX SUR PARCOURS

De nombreux troupeaux utilisent les parcours pendant une partie de l'année. L'effectif comme la durée peuvent être extrêmement variables : depuis le lot d'animaux à l'entretien qui pâturent la colline derrière l'exploitation pendant 2 à 3 semaines, jusqu'au regroupement de plusieurs troupeaux de montagne qui descendent en transhumance hivernale sur le littoral pendant 6 mois. Selon que le troupeau soit gardé par un berger ou parqué, la conduite du pâturage se gère de façon différente.

❐ LE GARDIENNAGE

Les surfaces enherbées attractives, le relief, les obstacles naturels et les barrières de végétation déterminent des secteurs de pâturage parfois discontinus que le berger associe dans des circuits de pâturage. Cependant le troupeau peut rarement se déployer sur de vastes unités bien dégagées, son adaptation au "biais" du terrain est moins marquée qu'en alpages.

La conduite du troupeau par le berger doit s'adapter à la végétation arbustive et arborée : c'est sa densité qui conditionne la pénétrabilité et la visibilité du parcours.

• **La pénétrabilité** varie beaucoup avec l'arbuste dominant, selon que l'on se trouve dans une garrigue, un maquis, une lande, un taillis de chêne vert dense... Les clairières existantes au sein de ces formations, disjointes, peu accessibles, ne peuvent que difficilement être visitées par le troupeau. Tout dépend du savoir-faire du berger et de "l'expérience" des animaux en colline. Les barrières de végétation peuvent aussi interdire l'accès à des secteurs de pâturage enherbés et attractifs ; il sera alors utile de réouvrir des accès.

• **La visibilité** est médiocre dans toutes les formations arbustives et boisées, même aisément pénétrables. Les animaux ne se voient plus entre eux et se "coupent" facilement (se séparent en plusieurs groupes), le berger ne les voit pas en totalité. Le gardiennage est difficile, voire impossible, et là encore tout dépend de la compétence du berger et de "l'expérience" des animaux. Le risque est alors grand de surpâturer les zones les plus accessibles et les plus faciles à garder, au détriment de secteurs éloignés, difficiles d'accès ou embroussaillés.

• **Les zones de récupération** du troupeau prennent une importance toute particulière lorsque la pénétrabilité et la visibilité sont médiocres. Ce sont souvent des zones de crêtes ouvertes, attractives, où le berger sait que les animaux reviendront spontanément. Il peut dès lors les envoyer dans des vallons, dans des pentes embroussaillées, de plus en plus loin d'année en année. A une condition : garder de l'herbe nette sur cette zone de récupération de façon à ce qu'elle reste attractive. A l'inverse, un berger peu expérimenté ou connaissant mal le site hésitera à envoyer ses bêtes dans les broussailles et concentrera le pâturage sur ces zones de récupération qui seront vite surpâturées.

• **Les sonnailles** réparties au sein du troupeau sur des animaux calmes et connaissant déjà le milieu permettent de repérer à l'oreille ses déplacements et de prévoir sa sortie sur une zone de récupération. En effet, le gardiennage dans des secteurs embroussaillés ne peut se faire uniquement à vue. Grâce aux sonnailles, un berger exercé peut s'apercevoir de la coupure éventuelle du troupeau en plusieurs lots.

• **L'organisation du circuit de pâturage** se fait en prévoyant d'abord les passages obligés : chômes, couches (ou parcs de nuit), point de distribution du sel et point d'eau (pas obligatoirement tous les jours si le temps est frais)... et zones de récupération, qui sont souvent les secteurs où ces équipements sont implantés. Le circuit lui-même se déroule en fonction du soleil : le berger fait démarrer les animaux le matin si possible dos au soleil ; il profite que les animaux marchent plus volontiers le ventre vide pour les emmener loin ou les faire descendre dans des vallons ou des pentes embroussaillées ; il les arrête et les fait tourner avec le soleil. Au retour, les bêtes ralentissent, remontent en mangeant et finissent par attaquer les ligneux. En cas de mauvais temps, les bêtes tendent à inverser leur biais habituel, à descendre et chercher un secteur abrité, boisé par exemple ; certains secteurs favorables pourront être réservés pour ces journées.

En règle générale, le gardiennage en colline pose peu de problèmes avec les forestiers, chasseurs, randonneurs et autres usagers, qui apprécient l'absence de clôtures et l'impact positif du pâturage. Cependant, le gardiennage peut s'avérer impossible en période de chasse. Les problèmes vont se poser sur les secteurs attractifs... qui vont souvent s'avérer attractifs pour tout le monde, en particulier les zones herbacées à bon potentiel de sol et les crêtes et plateaux bien ouverts, peu embroussaillés, qui sont des zones de récupération pour le troupeau. Tout aménagement sur les secteurs stratégiques, en particulier à proximité d'équipements (cabane, point d'eau, parc de nuit) ou sur un passage obligé des animaux, devront faire l'objet d'une concertation avec l'éleveur.

❒ L'IMPLANTATION DE PARCS CLÔTURÉS

La clôture électrique 4 fils, adaptée spécifiquement aux parcours du Sud-Est préalpin et méditerranéen, offre un grand nombre d'avantages : facile à poser sur tous les terrains, peu coûteuse, subventionnée, légère et non électrifiée hors période de pâturage, elle est aisément franchissable, aussi bien par les usagers que par le gibier. Pour être efficace, la pose d'une clôture électrique 4 fils doit cependant obéir à quelques règles simples :

- **respecter les normes techniques** (écartement des fils, etc...),
- **veiller à son entretien annuel** ; celui-ci est facilité par l'ouverture préalable d'un layon au bull sur son tracé.

L'établissement d'un plan de parcs répondant bien aux besoins de l'éleveur, nécessite quelques réflexions préalables :

— **IDENTIFIER LA FONCTION DU PARC POUR LE TROUPEAU** : il s'agit de prendre en compte le système d'élevage de l'éleveur ; c'est à dire repérer les animaux concernés, leur race, leur état physiologique, l'objectif de production attendu, la saison à laquelle il compte sur la ressource du parc.

APPÉTENCE DES ESPÈCES LIGNEUSES
sur les feuilles et rameaux de l'année

APPETENCE 5 : Légumineuses arbustives et autres espèces à feuilles tendres et larges particulièrement appétentes pour tous les animaux ; consommées dès le début du pâturage :
CYTISES - GRANDE CORONILLE - CORNOUILLER SANGUIN - BUPLÈVRE - ÉRABLES - SORBIERS ET ALISIERS - MERISIER - VIORNE LANTANE - ADÉNOCARPE - FRÊNES

APPETENCE 4 : Autres espèces appétentes à feuilles plus dures ou velues ; bien consommées par les ovins et les bovins après l'herbe de bonne qualité. Très bien consommées par les caprins :
FILAIRES - CHÊNE BLANC - CHÂTAIGNER - ARBOUSIER - CHÊNE VERT en hiver - NOISETIER

APPETENCE 3 : Espèces à feuilles petites ou coriaces ou à rameaux verts ou aromatiques; consommées par les ovins et les bovins seulement avec une pression de pâturage plus forte. Bien consommées par les caprins :
CHÊNE VERT - CHÊNE LIÈGE - AMÉLANCHIER - GENÊT CENDRÉ - BRUYÈRE ARBORESCENTE - THYM - LAVANDE FINE - LAVANDE À LARGE FEUILLE - MYRTILLE - SAULE RÉTICULÉ - SAULE TRONQUÉ - MÉLÈZE - SAPIN

APPETENCE 2 : Espèces aromatiques ou résineuses ou épineuses. Consommation partielle et variable par des ovins ou bovins avec une pression de pâturage forte ; généralement bien consommées par des caprins :
CISTE BLANC - PRUNELLIER - AUBÉPINE - ÉGLANTIER - GENÊT PIQUANT - CALYCOTOME - GRAND GENÊT D'ESPAGNE - RONCE - CISTE À FEUILLE DE SAUGE - CADE - AIRELLE - PIN NOIR - PIN D'ALEP

APPETENCE 1 : Espèces très épineuses ou aromatiques ou résineuses très peu consommées par les ovins et bovins même avec une gestion contraignante. Consommation très variable mais non préférentielle par les caprins.
CHÊNE KERMÈS - GENÉVRIER COMMUN - ROMARIN - AJONC À PETITES FEUILLES - CÈDRE - PIN SYLVESTRE - PIN CEMBRO - PIN À CROCHETS

APPETENCE 0 : Espèces non consommées ou toxiques ou coups de dent accidentels
BUIS - MYRTE - BRUYÈRE À BALAI - CISTE DE MONTPELLIER - EUPHORBE ÉPINEUSE - LENTISQUE - CALLUNE - RHODODENDRON - GENÉVRIER NAIN

— **Identifier les atouts et contraintes pour les autres usagers** : effectuer un travail de concertation avec les autres usagers de l'espace. Les surfaces parquées peuvent représenter un enjeu DFCI, paysager ou écologique ; un objectif d'entretien peut être attendu par les gestionnaires de cet espace ; il peut être formalisé par l'établissement d'un contrat d'entretien éventuellement rémunéré. Les clôtures peuvent représenter une gêne pour les chasseurs ou les randonneurs ; des aménagements particuliers réduiront les risques de problème.

— **Etablir la surface et le chargement :** évaluer les ressources disponibles herbacées et arbustives (voir page ci-contre, "Appétence des espèces ligneuses") par saison, ainsi que l'impact du pâturage sur leur évolution les années suivantes. On calculera alors la taille des parcs de façon à offrir au troupeau une période de pâturage de 2 à 3 semaines par parc pour des ovins (des changements de parc plus fréquents sont très contraignants ; à l'inverse, une durée de pâturage plus longue ne permet pas une bonne gestion de la ressource), et souvent plus pour des bovins. La surface d'un parc est d'autant plus grande que ses ressources sont faibles ; elle peut varier entre 1 et 50 ha pour des ovins et atteindre 100 ha pour des bovins.

— **Implanter le parc en fonction du relief et des voies de circulation** : chercher à donner au parc des limites adaptées au biais du troupeau, en délimitant une unité du relief (un versant, un vallon). S'il est trop grand, il vaut mieux recouper un versant horizontalement que verticalement (en effet les hauts de parc sont toujours mieux mangés). A l'intérieur du parc, des angles, des secteurs trop embroussaillés, des vallons resserrés seront délaissés par les animaux. A l'inverse des petites surfaces de qualité risquent de subir une pression très forte. Les voies de communication constituent des axes commodes pour poser les clôtures ; elles facilitent également leur entretien. Par contre, les risques de vandalisme et de vol existent.

— **Couvrir les besoins en eau des animaux selon la chaleur :** une brebis a besoin de 0,5 l à 2 litres d'eau par jour. Selon les cas, on aménage une source ou un ruisseau, on installe une citerne ou un impluvium (qui peut être à usage mixte

PRESSION DE PÂTURAGE sur la strate herbacée et INDICATEURS DE SORTIE DES PARCS *(grille utilisable pour des ovins)*

	PLANTES INDICATRICES	Carex humble	Brachypode penné	Brachypode rameux
1	**Traces de passage rapide du troupeau :** herbe plus ou moins couchée, coups de dents épars.	quelques coups de dent	non consommé	non consommé
2	**Prélèvement faible :** les meilleures espèces (surtout légumineuses) sont assez bien consommées ; les espèces herbacées dominantes sont consommées irrégulèrement ; le gaspillage (herbe couchée) est important.	consommation partielle	quelques coups de dents	non consommé
3	**Prélèvement moyen :** dans l'ensemble, les espèces herbacées dominantes sont consommées, à l'exception des touffes de refus encore nombreuses ; les espèces moins appétentes sont délaissées ; peu d'incursions dans les zones embroussaillées (pâturage concentré sur zones ouvertes).	raclé	pâturage plus ou moins régulier à 10-15 cm de hauteur	pâturage irrégulier
4	**Prélèvement important :** l'ensemble de la strate herbacée est bien raclé, à l'exception de quelques rares touffes refusées parmi les espèces dominantes (en général des graminées) ; les espèces moins appétentes sont consommées irrégulièrement ;			
	(4 -) avec exploration partielle des plages embroussaillées.	raclé	consommé à 5-10 cm	consommé à 2-3 cm
	(4 +) avec exploration importante des plages embroussaillées.	raclé	consommé à 1-3 cm	raclé
5	**Prélèvement très important :** le tapis herbacé est pâturé très ras, y compris les espèces médiocres ; des portions de sol sont mises à nu, des souches d'espèces déchaussées ; le lien entre un impact de pâturage très fort (niveau 5) et la dégradation du milieu est difficile à définir. Il est cependant certain que la répétition d'un pâturage de niveau 5 sur plusieurs années dégrade le milieu, même au plat. Au gardiennage, la répétition des déplacements fait démarrer la dégradation du milieu plus tôt qu'en parc.	raclé	raclé	raclé

pâturage/DFCI, à condition d'être réapprovisionné en eau avant l'été), ou encore on amène régulièrement l'eau avec une tonne à eau. Bien placé, un point d'eau peut desservir deux ou plusieurs parcs.

❒ CONDUITE DU TROUPEAU EN PARCS CLÔTURÉS

Les parcs clôturés permettent **un gain de temps appréciable** pour l'éleveur, bien utile pour les foins, le travail sur l'exploitation. Pour le berger qui garde le troupeau, un ou deux parcs d'appoint sont également très utiles pour se libérer occasionnellement (ravitaillement, démarches, vie sociale et familiale,...). Les parcs permettent également une meilleure gestion de la ressource pastorale, car les animaux s'y comportent différemment.

— **Une meilleure gestion de la ressource pastorale :** les animaux commencent par visiter le parc, en faire le tour ("chemin de ronde" le long des clôtures). Les premiers jours, ils trient plus ou moins l'herbe de meilleure qualité, puis l'herbe plus grossière (la baouque) et le feuillage des arbustes prennent une place de plus en plus importante dans la ration. Cet effet de nettoyage est accru par l'impact mécanique (branches cassées) beaucoup plus efficace avec des gros animaux. Le raclage du tapis herbacé et le nettoyage des refus permettent un développement de la strate herbacée. En dehors du temps de pâturage, les animaux n'ont pas accès aux surfaces parquées, ce qui laisse à l'herbe chaque année un temps important pour récupérer. Une pression de pâturage forte ne nécessite pas forcément un chargement instantané fort : bien souvent une charge de 15 à 20 brebis/ha suffit à racler un parcours embroussaillé. C'est dans les pelouses denses, les prés, qu'elle peut s'élever à 100 brebis/ha.

— **Des indicateurs de sortie des animaux :** en terme de gestion de l'espace, tout se passe dans les derniers jours d'utilisation du parc. L'ap-préciation d'indicateurs de sortie pertinents est donc importante : en fonction de la grille herbacée ci-contre, le choix d'un niveau de raclage **3** revient à privilégier un objectif élevé d'état des animaux, un niveau **4** est beaucoup plus efficace en terme de gestion

Pression de pâturage de "niveau 4" sur une pelouse préalpine embroussaillée.

de l'espace. Les niveaux de prélèvement effectués sur la strate arbustive fournissent également de très bons indicateurs en fonction de l'appétence des différentes espèces (voir tableau page 38).

— **Utilisation de type contention :** dans ce cas, l'éleveur se sert du parc comme parc de nuit. Il garde la journée (il donne du "neuf" à ses animaux). L'action mécanique du piétinement et les coups de dents sur la broussaille de la part des animaux qui ont déjà pris leur ration auront un impact spectaculaire sur les broussailles. On réserve ce type de traitement à des zones très embroussaillées qu'on désire réouvrir ou des zones stratégiques à contrainte DFCI forte. Ce traitement n'est possible que sur des endroits plats où les risques d'érosion sont faibles. L'efficacité est plus grande avec un débroussaillement préalable. Le parc peut aller de 5 à 15 ha. L'éleveur doit si possible faire varier les zones de couches dans le parc pour répartir l'impact. On l'utilisera à une seule période dans l'année pour laisser une longue période de récupération aux herbacées. On l'évitera à des périodes trop mouillées (fortes pluies) ou trop sèches.

— **Etablir un chargement qui tienne compte des variations inter-annuelles :** en année sèche, les parcours méditerranéens peuvent supporter une pression de pâturage plus forte, à condition de ne pas la renouveler chaque année ; une telle pression offre l'avantage de nettoyer refus et arbustes. En année favorable, les animaux trieront une ration de bonne qualité grâce à l'abondance des légumineuses, mais leur dessèchement rapide ne permettra pas de prolonger le pâturage et il y aura un certain gaspillage de la ressource. Le choix du chargement moyen sera donc un compromis, en acceptant une pression plus forte certaines années et un certain gaspillage d'autres années. La marge de sécurité sera plus ou moins importante selon que l'on privilégie la satisfaction des besoins des animaux (animaux laitiers ou allaitants) ou la gestion de l'espace (contrats d'entretien). Des secteurs de réserve plus ou moins mobilisés selon les années permettront d'accroître cette marge de sécurité.

— **Assurer le renouvellement de la ressource :** de façon générale, le renouvellement de la ressource herbacée dépend d'une pression de pâturage forte pendant un temps limité, alors que sa dégradation est presque toujours causée par un pâturage prolongé, même avec une pression faible. En effet, **la ressource pastorale se dégrade :**

- soit **par surfréquentation** qui favorise au fil des ans les espèces sans intérêt pastoral au sein du tapis herbacé ; en terrain pentu, elle provoque également une mise à nu du sol et accroît les risque d'érosion. Le plus souvent, une telle dégradation est due à un pâturage trop prolongé (même avec un effectif faible) plutôt qu'à un effectif trop important ;

- soit **par sous-pâturage** : un tri de la part des animaux favorise le développement des graminées grossières difficiles à faire manger et des arbustes. Les deux types de dégradation peuvent coexister lorsque les animaux passent souvent sur une même surface en y mangeant peu : on obtient alors un parcours érodé, dégradé et embroussaillé. A l'inverse, une forte pression de pâturage maintenue pendant un temps bref (1 à 3 semaines) permet une exploitation complète de la ressource tout en limitant le piétinement ; il assure le renouvellement de la ressource herbacée. Il est obtenu par un gardiennage serré ou un pâturage en parc.

LA COMPLEMENTATION

Au pâturage sur des parcours embroussaillés, les animaux ont des besoins variables (liés aux déplacements, aux conditions climatiques) et adoptent des comportements alimentaires très différents d'un troupeau à l'autre (tri plus ou moins prononcé de la ressource). On ne peut donc plus calculer un bilan alimentaire et il faut procéder autrement en favorisant avant tout l'appétit au pâturage.

Les prélèvements sur parcours hétérogènes dépendent de la motivation alimentaire des animaux, c'est-à-dire de l'appétibilité intrinsèque des différentes composantes de la ressource mais aussi de divers facteurs externes d'appétit liés au mode de gestion pastorale : habitudes alimentaires, type de parc ou mode de gardiennage, horaires de pâturage, compétition dans le troupeau, qualité de la relation de l'éleveur à son troupeau... mais aussi apport d'un **complément alimentaire**. C'est en jouant sur ces facteurs externes d'appétit que l'on peut améliorer les prélèvements des animaux sur parcours embroussaillés. La nature et le mode de distribution d'un complément alimentaire sont l'un des outils à notre disposition.

Chaque jour, les différentes composantes de la ration sont constamment en interaction : fourrages pâturés, fourrages secs, concentrés alimentaires, eau et minéraux. Pour qu'un complément alimentaire ait une action efficace, il faut donc le raisonner en fonction des autres composantes ingérées.

— **LES ALIMENTS CONCENTRÉS :** l'interaction avec le fourrage pâturé peut être négative (on parle de substitution) ou positive (synergie). Les problèmes de substitution se posent lorsque le parcours fournit des aliments grossiers, cellulosiques, ce qui est fréquent, et lorsque le concentré fourni est riche en glucides rapidement fermentescibles (comme par exemple l'amidon d'orge). Au lieu de les favoriser, le concentré perturbe et diminue l'ingestion et la digestion des fourrages grossiers du parcours. Un apport non rationné de fruits de retrait de culture (pommes par exemple) a le même effet négatif. A l'inverse, l'apport d'un concentré riche en azote non protéique favorise la digestion des fourrages grossiers ou ligneux provenant par exemple d'un parcours embroussaillé. La synergie entre les deux composantes est obtenue en fractionnant en 2 apports une quantité maximale de 500 g par jour (pour un animal de 60 kg) de concentré liquide ou solide à base de pulpe de betterave, d'agrumes ou d'urée en mélange avec un substrat énergétique vite dégradable. Un tel concentré est appelé stimulateur d'appétit. Sous forme liquide, il doit être distribué à proximité immédiate du point d'eau, afin d'éviter que les animaux ne le surconsomment par soif. Quelques règles simples sont à respecter pour la distribution d'un concentré stimulateur d'appétit :

- dans la journée, le complément doit être distribué le plus près possible d'une période principale de pâturage, sans délai d'attente entre les deux ;

- dans l'espace, la zone où est distribué le concentré est attractive pour le troupeau. Dans les alentours, la ressource ligneuse sera plus consommée. Mieux vaut donc autant que possible l'installer dans un secteur très embroussaillé, un vallon, un bas de parc qui serait spontanément délaissé ; ou encore sur un secteur stratégique DFCI. Dans tous les cas, on conduira le premier jour le troupeau sur la zone de distribution pour qu'il la mémorise et y revienne facilement ;

- l'apprentissage du nouvel aliment concentré par le troupeau est important. On peut familiariser les animaux avec ce complément en le leur distribuant, pendant une semaine ou deux au départ, mélangé à un foin médiocre ou moyen.

Distribution d'un complément liquide dans le maquis

— **Les fourrages secs :** mal raisonnée, une distribution de foin démotive les animaux vis-à-vis des parcours. S'ils ont été lestés le matin avec une distribution de 0,5 g à 1 kg de foin, les petits ruminants vont exacerber leur comportement de tri du meilleur au cours du pâturage, ils vont se focaliser sur les zones les plus appétentes... ou attendre qu'on les ramène : on retrouve le problème de substitution. L'éleveur aura joué à tort la sécurité tout en sous-utilisant ses parcours. Un apport bien raisonné de foin dépend de la qualité du foin, de la quantité distribuée et du moment dans la journée de sa distribution :

- Un foin excellent peut être distribué le matin une heure avant la sortie en petite quantité (0,2 à 0,3 kg par petit ruminant). Il permettra une bonne synergie (mise en appétit) avec des fourrages grossiers pâturés. Le même foin distribué le soir provoquerait un comportement d'attente des animaux dans le parc.

- Un foin moyen peut être distribué le matin s'il n'est pas possible de laisser les animaux au pâturage assez de temps (intempéries, organisation du travail,…) ; une distribution trop systématique risque cependant de démotiver les animaux au pâturage.

- Un foin médiocre peut être distribué au retour du pâturage, en particulier lorsque les animaux ont pâturé des herbes jeunes, des légumineuses ou des fruits. Ils complètent ainsi leur ration en lest fibreux. La distribution d'une demi-ration de foin médiocre peut également faciliter la transition alimentaire entre des prairies de montagne de bonne qualité et des parcours hivernaux grossiers lors du démarrage de la transhumance hivernale. Il faut l'accompagner d'un concentré stimulateur d'appétit. Progressivement, les animaux passeront du foin médiocre à la consommation de l'herbe sèche ou du feuillage des ligneux sur le parcours.

— **Les glands et châtaignes :** en automne, les sous-bois riches en glands ou châtaignes, très appétents, attirent beaucoup les animaux. Leur ration risque alors d'être déséquilibrée. On peut envoyer les animaux directement sur les zones à glands en début de journée. Après 30 à 40 mn, ils se reporteront spontanément sur un pâturage plus grossier. Le cas le plus favorable pour les glands comme pour les châtaignes, est celui où le parcours est très diversifié : fruits, jeunes pousses (repousses), herbes grossières et feuillage. Les animaux se constitueront un repas de plus en plus grossier et bien équilibré. Sinon, un foin médiocre peut être distribué au retour. La valeur nutritive de ces fruits se maintient bien sur un sol sec et bien ventilé (herbe rase, sol nu) mais se dégrade vite sur une litière de feuilles qui entretient l'humidité.

— **L'eau de boisson et les minéraux :** L'eau doit être considérée comme un aliment à part entière. La disponibilité en eau peut motiver ou freiner l'appétit au pâturage. Une restriction en eau diminue le pâturage. Un passage quotidien (ou tous les deux jours pour des animaux qui ne sont pas en lactation) suffit s'il est régulier, prévisible, et permet à tous les animaux de boire. La disponibilité quotidienne de sel favorise l'appétit des animaux. En terrain calcaire, la ration est toujours très déséquilibrée en phosphore ; un apport complémentaire régulier et adapté en conséquence doit être prévu.

DÉBROUSSAILLEMENTS ET AUTRES INTERVENTIONS SUR LES ESPACES NATURELS POUR LEUR AMÉLIORATION PASTORALE

Le débroussaillement consiste à réduire ou modifier la strate arbustive (landes ou sous-bois). Il facilite la circulation du troupeau, il permet le développement de la strate herbacée, enfin il rompt la continuité horizontale et verticale de la broussaille qui favorise le développement des incendies. Différentes techniques ou combinaisons de techniques seront présentées ci-dessous : introduction de troupeaux, débroussaillement manuel, débroussaillement mécanique, dessouchage, brûlage dirigé, sursemis, phytocides. Dans tous les cas, il est nécessaire de faire appel à des professionnels formés et compétents.

L'impact immédiat mais aussi la pérennité de l'intervention, varient selon la technique utilisée. C'est parfois une combinaison de différentes techniques qui permettra d'obtenir le résultat répondant le mieux aux objectifs de l'éleveur et du gestionnaire. Les coûts d'intervention sur le milieu peuvent varier dans des proportions considérables selon les techniques utilisées. Le rapport qualité/prix doit s'analyser par rapport au coût de l'intervention initiale et son résultat immédiat ; il doit prendre en compte également la pérennité de l'aménagement et donc la qualité de la gestion effectuée année après année.

❒ AMÉLIORATION PASTORALE ET PRÉVENTION DES INCENDIES : DEUX OBJECTIFS CONJOINTS

Les enjeux sur le milieu sont souvent multiples mais la demande de débroussaillement et d'amélioration pastorale provient le plus souvent de deux catégories d'acteurs avec deux types d'objectifs distincts mais complémentaires : d'une part, les incendies de forêt sont une préoccupation majeure dans l'étage méditerranéen, et d'autre part, il y a l'attente d'amélioration pastorale, qui peut être portée par l'éleveur lui-même mais aussi par le gestionnaire du site désireux d'introduire un troupeau (forestiers, propriétaires privés, collectivités publiques). D'autres demandes peuvent émerger (objectifs écologique, paysager, cynégétique…), à titre principal ou secondaire, elles se conjugueront toujours avec l'une ou l'autre des deux problématiques précédentes.

— **Les éleveurs et l'objectif pastoral :** toute intervention sur le milieu effectuée dans un cadre pastoral doit faire l'objet d'un entretien raisonné par le troupeau ; bien conduit, cet entretien permettra souvent de pérenniser l'investissement initial à moindre coût. L'objectif est double :

- **améliorer la pénétrabilité et la circulation du troupeau** afin que la ressource existante devienne accessible ;
- **améliorer la ressource pastorale elle-même.**

On peut accepter sans difficulté un niveau d'embroussaillement beaucoup plus élevé que sur une coupure de combustible. Des coûts de travaux réduits et une gestion permettant un entretien prolongé par le troupeau sont les conditions justifiant un investissement pastoral.

— **Les forestiers et l'objectif DFCI :** Il s'agit d'un objectif tout-à-fait prioritaire dans l'étage méditerranéen ; il l'est modérément dans l'étage supra-méditerranéen, et n'est jamais la demande principale dans l'étage montagnard et subalpin. Le débroussaillement doit être radical, car la broussaille est là considérée comme vecteur du feu. De fait, l'objectif se décompose en deux :

- **empêcher la propagation du feu ;**
- **assurer la sécurité des pompiers.**

Pour des raisons impératives de sécurité, la broussaille doit être toujours maintenue en dessous de certains seuils. L'introduction de troupeaux permet à la fois pour le forestier de contribuer à entretenir la coupure de combustible et pour l'éleveur de mobiliser une ressource pastorale ; mais c'est bien la vocation stratégique de la coupure de combustible qui justifie les interventions sur le milieu, y compris les travaux de semis et de fertilisation, d'un coût d'ailleurs le plus souvent trop élevé pour leur seul intérêt fourrager.

❒ OUVERTURE PAR LE TROUPEAU

Dans certains cas, l'introduction d'un troupeau permet d'obtenir une ouverture significative de la strate arbustive qui s'effectue sur plusieurs années. Pour toutes les espèces animales, les troupeaux "viande" sont beaucoup plus aptes à cette gestion que les troupeaux laitiers. Il est prudent de n'utiliser que des lots d'animaux à l'entretien et une complémentation est parfois nécessaire (complément distribué ou "soupade"). L'implantation de parcs clôturés est impérative pour obtenir un effet d'ouverture avec les troupeaux. L'impact du troupeau se fait par deux mécanismes : la consommation des arbustes appétents (voir liste page 38) et l'effet mécanique du piétinement.

Il n'y a pas une espèce animale, indigène et encore moins "exotique" qui serait la solution miracle au débroussaillement, mais plutôt des cas particuliers où l'on recherche la meilleure adéquation entre un troupeau et un milieu embroussaillé.

• **Les chèvres** sont très efficaces, aussi bien par leur consommation importante de feuillage jusqu'à une hauteur de 2 m que par la casse des branches qu'elles provoquent en pénétrant sans hésiter dans la broussaille. Par contre, elles ont un impact insuffisant sur la strate herbacée et risquent de causer des dégâts sur l'écorce des arbres. Mais rappelons qu'il y a très peu de troupeaux caprins viande et que le débroussaillement avec un troupeau caprin lait est très contraignant à concilier avec le maintien d'une bonne production de lait ; il peut par contre être compatible avec un système caprin laitier plus extensif.

• **Les animaux lourds (bovins et équins)** sont efficaces par leur effet mécanique complété par une consommation partielle de feuillage jusqu'à 2 m de hauteur. De plus, ils valorisent bien l'herbe grossière ou sèche accumulée, la "baouque". Atout complémentaire : la clôture électrique 1 fil nécessaire est très simple à poser. Mais les besoins des animaux en croissance (génisses) conduisent à limiter la durée des séjours et l'impact.

• **Les ovins**, s'ils mangent les arbustes moins volontiers que les chèvres et ont moins d'effet mécanique que les bovins ou les équins, possèdent deux atouts spécifiques qui les rendent eux aussi très efficaces : l'effectif important du troupeau que l'on introduit dans un seul parc, plusieurs centaines d'animaux, et les faibles besoins des animaux à l'entretien, qui permettent une conduite plus adaptée aux objectifs sur le milieu.

Quels que soient les animaux, le troupeau casse les branches mortes et les branches basses, en prélevant partiellement ou totalement le feuillage ; en quelques années, il tend à faire "monter" les arbustes qui concurrencent moins la strate herbacée : églantiers, aubépines, spartier, genêt cendré, ciste de Montpellier… Porteuses de fleurs et de fruits, certaines espèces peuvent alors retrouver une valeur paysagère et écologique (en particulier pour les oiseaux). L'impact d'un troupeau, en particulier d'animaux lourds, est encore plus efficace sur des arbustes déjà vieillis : alors qu'un débroussaillement mécanique ou par le feu les régénérerait et stimulerait des rejets puissants difficiles à contrôler, le pâturage peut, à lui seul, faire dépérir des arbustes qui n'ont pas une durée de vie très longue. Cependant, l'impact du troupeau est peu efficace sur des arbustes à la fois peu appétents et peu cassants, comme le buis, les jeunes pins sylvestres et certains épineux, ou encore lorsque l'embroussaillement initial est trop important (pas plus de 50-60 % avec des ovins).

LE DÉBROUSSAILLEMENT MANUEL

Cette opération est réalisée avec des outils à main (serpes, scies d'élagage...) et des outils à moteur thermique portés à dos d'homme (débroussailleuses, scies à chaîne...). C'est la seule technique permettant un travail sélectif ; elle permet de faire évoluer progressivement vers l'étage supérieur des arbustes de certaines espèces susceptibles de présenter, à terme, un port arboré (arbousier, filaire). Elle permet également de conserver certains arbustes fruitiers intéressants pour l'avifaune (églantier, aubépine, genévrier...). Elle favorise enfin l'étage arboré en sauvegardant la régénération, en assurant l'élagage et en supprimant les branches sèches et les fourches. Les rémanents de coupe sont un obstacle à la circulation du troupeau. Il est recommandé de les rassembler en tas et de les broyer ou de les brûler. Le débroussaillement manuel demande donc peu de moyens matériels mais beaucoup de main d'oeuvre et coûte cher. Il est à réserver aux sites peu praticables (pente forte jusqu'à 100 %, pierrosité) ou encore aux sites où une "plus-value" écologique est recherchée. Il peut également être mis en oeuvre par l'éleveur lui-même s'il le pratique à ses moments perdus, sur des surfaces qui restent peu étendues.

LE DÉBROUSSAILLEMENT MÉCANIQUE

Le débroussaillement mécanique se pratique à l'aide d'engins munis de couteaux (les souches sont sectionnées et laissent des chicots dangereux), de chaînes (les souches sont lacérées, laissant parfois des rejets couchés) ou de marteaux (les souches sont déchiquetées provoquant un broyat fin). Cette technique accroît considérablement le volume de la litière, ce qui présente un risque pour la propagation de feux courants et crée une concurrence à la pousse de l'herbe pendant les premières années. La décomposition du broyat est d'autant plus rapide qu'il est fin et que le milieu est biologiquement actif.

L'utilisation des matériels de débroussaillement mécanique impose certaines contraintes :

- **le travail en courbes de niveau** n'est possible que sur les pentes en travers inférieures à 30 %, le travail dans le sens de la pente étant possible jusqu'à 60 %, sauf rupture de pente brutale ;
- **les reliefs accentués** entraînent, de toute manière, un accroissement considérable des coûts surtout lorsque le matériel travaille dans le sens de la pente ;
- **les secteurs difficilement accessibles,** les surfaces très pierreuses (lapiaz) ne sont pas mécanisables.

Un éleveur disposant d'un tracteur peut s'équiper d'un broyeur à chaîne et faire du débroussaillage d'entretien à un coût abordable. En zone boisée, un débroussaillage manuel préalable de la zone d'intervention est souvent nécessaire : éclaircie voire élagage des arbres, constitution de bosquets non traités... Dans les étages méditerranéen et supra-méditerranéen, où la sécheresse estivale est très marquée, le débroussaillement est plus efficace en fin de printemps ; en effet, il oblige l'arbuste à mobiliser ses réserves racinaires et à rejeter au moment où survient la sécheresse.
Le réembroussaillement du parcours est d'autant plus rapide que les arbustes dominants rejettent. L'entretien des rejets par un troupeau varie selon l'appétence des espèces : le plus efficace est d'introduire le troupeau le plus rapidement possible après le débroussaillement, et d'installer des parcs pour le contraindre à exploiter une zone peu attractive (en effet, il y a peu d'herbe la première année).

LE BRULAGE DIRIGÉ

Le brûlage dirigé permet d'éliminer à la fois les broussailles et les litières. Cela consiste à conduire le feu de façon planifiée et contrôlée sur tout ou partie d'un parcours, et en toute sécurité pour les zones limitrophes. Il doit être réalisé par des équipes spécialisées appliquant la Charte Nationale du Brûlage Dirigé. Le brûlage est conduit en utilisant judicieusement le vent et la pente afin d'en garder le contrôle et d'en maîtriser les effets sur le milieu. Un feu à contre-vent ou descendant la pente a des flammes courtes et couchées sur la zone déjà brûlée. Ainsi, le préchauffage de la végétation est fortement réduit et le feu se propage lentement.

Il faut tenir compte des conditions climatiques d'une part, et de l'importance de la couche de combustible d'autre part : ce sont là les deux principales contraintes du brûlage dirigé. La période la plus favorable est l'hiver, en dehors des périodes ventées où le feu ne pourrait plus être contrôlé. Par ailleurs, on se trouve dans les meilleures conditions de propagation du feu en l'appliquant à une litière de combustible fin et sec et/ou d'herbe sèche. Dans ce dernier cas, un arrêt du pâturage au cours de la saison précédant le brûlage peut être nécessaire. Un relief chahuté et la présence de blocs de rochers affleurants ne sont pas des obstacles à l'emploi du brûlage dirigé.

Le brûlage réduit en même temps la broussaille, l'herbe sèche et la litière. Cependant, des charpentes d'arbustes restent en place pouvant gêner la circulation ultérieure du troupeau. On note une amélioration nette mais fugace de la qualité des repousses herbacées au printemps ou à l'automne suivant. Dans l'étage méditerranéen, des légumineuses annuelles colonisent de façon éphémère la zone brûlée, mais le feu peut favoriser l'explosion des cistes, difficiles à contrôler par la suite. En revanche, la répétition de brûlages sur une même zone est déconseillée : elle favorise les herbes adaptées au feu, généralement de qualité pastorale médiocre, brachypodes ou calamagrostis par exemple. D'ailleurs, la rigueur de la gestion pastorale (de préférence en parc) consécutive à l'ouverture initiale d'un milieu par le feu dirigé permet souvent un bon entretien du parcours et donc ne nécessite pas de nouveaux brûlages.

En forêt, le feu est sans effet durable sur les arbres s'il est conduit correctement. Les dommages au feuillage, bien que spectaculaires ne compromettent généralement pas la survie des arbres. En revanche, les atteintes au tronc peuvent être graves et entraîner la mort des arbres à écorce fine (chênes verts, érables de Montpellier, jeunes chênes pubescents). Réalisé dans l'automne ou l'hiver suivant un débroussaillement mécanique, le brûlage permet également d'en éliminer le broyat, et l'impact sur les jeunes rejets arbustifs contribue alors à affaiblir les souches.

Sur parcours peu boisé, la préservation des rares arbres ou bosquets présents est compliquée et nécessite de grandes précautions. Dans les zones de fortes pentes, le brûlage peut provoquer un départ d'éléments fins du sol (ravinements) s'il est suivi de pluies importantes ; phénomène aggravé par la répétition des feux. Il est écologiquement déconseillé de brûler en une seule fois de grandes surfaces de landes : il est préférable de fractionner les chantiers par le choix de lignes d'arrêts naturelles (par exemple les sentiers créés par les animaux), en constituant un maillage composé de taches de quelques hectares seulement.

❐ LES PHYTOCIDES

Dans un contexte d'élevage, l'emploi des phytocides ne peut concerner que le contrôle des arbustes non fourragers (cistes, chêne kermès, buis, ronces, prunelliers, églantiers,...) ou le desherbage pour l'entretien des clôtures. Deux types de produits sont possibles :

- une matière active comme le **triclopyr** détruit certaines espèces arbustives tout en préservant l'herbe : on peut l'appliquer à la saison garantissant son efficacité maximale ; on l'emploie surtout en application localisée pour rétablir la circulation du troupeau, ou pour traiter des îlots qui font obstacle ;
- une matière active comme le **glyphosate** détruit à la fois les espèces herbacées et certaines espèces ligneuses ; son application doit être réservée à l'entretien des clôtures, ou au traitement d'îlots de certaines espèces arbustives résistant au triclopyr.

Le désherbage chimique nécessite une bonne connaissance des techniques d'épandage et des règles de sécurité à observer, tant au moment de l'application des produits que pour les délais à respecter avant réutilisation pastorale (consulter impérativement les notices …ou les techniciens). Les contraintes climatiques (pluie, vent, sécheresse,…) sont un sérieux frein à l'emploi des phytocides. Par contre, le relief ou la présence d'affleurements rocheux ne posent aucune difficulté lorsqu'il est possible de traiter la végétation depuis une piste. La durée d'efficacité est variable mais le réembroussaillement du milieu est, en général, moins rapide qu'avec les débroussaillements manuels ou mécaniques. Un pâturage précoce (mais respectant les délais!) réduit efficacement les charpentes des arbustes restant sur pied, surtout avec des animaux lourds. L'éclairement au sol et la réduction de la concurrence permettent un bon développement de l'herbe qui incite les animaux à pénétrer dans ces charpentes, surtout si un sursemis a été réalisé. Les effets secondaires sur les composantes de l'écosystème sont peu connus à l'heure actuelle ; il est prudent d'éviter la répétition du traitement dans un contexte pastoral.

LE SURSEMIS ET LE SEMIS

Le sursemis est un semis sans travail du sol. Il doit être réservé aux parcelles peu pentues et pas trop sèches : couvert arboré clair ou ubac quand on est à basse altitude. Le sursemis doit être réalisé à l'automne un mois avant la première gelée, le plus près possible d'une période de pluie ; une bonne connaissance de la météorologie locale est donc nécessaire ; un risque climatique pèse toujours sur sa réussite. L'épandage des graines par hélicoptère permet aujourd'hui d'ensemencer des surfaces importantes et peu accessibles avec un coût modéré.

Lorsqu'il est réalisable, le semis avec travail du sol donne de meilleurs résultats, mais il coûte souvent cher à l'implantation et à l'entretien. Une fertilisation à l'implantation et un apport d'entretien annuel sont nécessaires pour maintenir la production fourragère. De nombreuses espèces et variétés ont été essayées dans la région : trèfle souterrain, dactyle, sainfoin… Leur choix est un compromis entre la fonction attendue de l'espèce semée dans le calendrier d'alimentation du troupeau d'une part, les contraintes climatiques et pédologiques locales (froid, sécheresse, couvert arboré, type de sol) d'autre part, …et la disponibilité commerciale des variétés.

Les parcours améliorés par semis ou sursemis permettent de limiter le réembroussaillement grâce à la concurrence de l'herbe et à la pression du troupeau. Ils offrent une ressource de bonne qualité qui permet l'alimentation des animaux à des moments physiologiques clés : lutte, engraissement des agneaux. Ils se substituent ainsi au pâturage de cultures fourragères lorsqu'elles ne sont pas disponibles à proximité. Leur association à un parcours embroussaillé dans un circuit de pâturage permet d'augmenter la consommation des ligneux. Par contre, les semis doivent être mangés au moment où ils poussent, et leur gestion offre peu de souplesse.

Le semis peut se pratiquer en éliminant totalement la végétation (ci-contre), ou par sursemis, par exemple aérien (épandage des graines par ULM, ci-dessous)

LE DESSOUCHAGE ET LE SEMIS

Le dessouchage vise à une élimination totale de la végétation et un déracinement ou une déstabilisation des souches d'arbustes susceptibles de rejeter. Il crée les conditions optimales pour l'implantation de cultures fourragères ou prairies permanentes pouvant jouer un rôle stratégique dans le calendrier fourrager. Il s'apparente à un défrichement et remise en culture avec des moyens lourds. Le dessouchage n'est réalisable que sur sol meuble (en maquis en particulier) ou sol profond (friches). Il est impraticable sur sol calcaire peu profond.

Ce type d'intervention lourde sur le milieu se heurte à des contraintes paysagères mais aussi à des risques d'érosion sur pente forte. Le décapage de la végétation et de la couche superficielle du sol entraîne l'élimination provisoire de la flore et de la faune sur la parcelle, il doit être évité en cas d'enjeux floristique ou faunistique. Enfin, les risques de chablis sont réels sur les bordures de la parcelle dessouchée. Diverses solutions techniques sont utilisées :

- en deux passages, le premier à la lame Fleco afin de déraciner et d'éclater les souches : la matière végétale et la terre de surface sont ainsi ratissées en bord de parcelle en tas importants, ce qui peut perturber l'utilisation pastorale ; le second passage est effectué avec un rotor associé à un semoir et un rouleau, type Cultipacker tassant le sol après semis.
- un seul passage avec un travail du sol superficiel (5 à 10 cm) de type houe rotative forestière et un broyage des souches (rotobroyeur) sur place ; cette technique est préférable mais coûteuse, mais elle est efficace pour préparer un lit de semences de façon optimale.

Ce type d'intervention peut favoriser l'installation d'espèces arbustives pionnières, par marcottage (ronces) ou par scarification des graines (cistes). Des interventions ponctuelles ultérieures peuvent être nécessaires. Le semis ne peut se développer qu'avec une fertilisation de fond qui se substituera à la matière organique du sol entièrement décapée. Une bonne gestion pastorale et un entretien de la fertilisation permettent ensuite de maintenir un tapis herbacé continu qui concurrence les arbustes pionniers.

EQUIPEMENTS PASTORAUX

Une bonne gestion pastorale passe par des équipements de qualité, en alpages comme sur les parcours préalpins ou méditerranéens. Conditions de vie du berger, contention et soin des animaux, pâturage, abreuvement, relations avec les autres usagers, trouvent aujourd'hui des solutions techniques bien adaptées aux différentes situations. Le présent chapitre tente de dresser l'inventaire des principaux équipements de base nécessaires à la pratique des activités pastorales.

❒ CABANES PASTORALES POUR LE LOGEMENT DU BERGER

Plusieurs solutions sont pratiquées : la cabane traditionnelle, le chalet en bois, la caravane ou mobil-home… En général, le choix du type de construction ne dépend pas tant de l'éleveur que du propriétaire (ONF, commune, propriétaire privé). La réalisation d'une cabane pastorale peut avoir une vocation double : le logement du berger, au rez de chaussée par exemple, et un petit dortoir en annexe pour les randonneurs.

Quel que soit le type de construction, la cabane pastorale doit comporter les éléments de confort minimum : toit étanche, sol bétonné, isolation, un poêle et/ou une gazinière, un abri à bois sec. Amener l'eau courante à l'intérieur de la cabane quand c'est possible, ou au moins à proximité à l'extérieur ...et pourquoi pas des toilettes à l'extérieur, sans eau et sans rejet (type "SANIVERTE" — il existe de telles installations dans certains refuges de montagne). Un équipement photovoltaïque est indispensable pour alimenter au moins un point lumineux et une prise pour un frigo (alimentation pour le berger et produits vétérinaires nécessaires au troupeau). Aujourd'hui, un système de communication (type radiotéléphone par exemple, ou même les portables) ne se néglige plus. Enfin, un petit local annexe bien abrité est nécessaire pour héberger 5 à 10 bêtes malades (lazaret).

❒ ACCÈS A LA CABANE

Une estive sans accès carrossable est, a priori, moins fréquentée par les touristes que le contraire. Par contre, elle sera moins pratique en ce qui concerne le ravitaillement du berger. Nombre de départements de montagne ont résolu le problème de l'accès en organisant par hélicoptère des ravitaillements spécifiques aux besoins du berger : sel pour les animaux, alimentation, bois de chauffage...

❒ PARCS DE CONTENTION ET DE TRI POUR LE TROUPEAU

De tels parcs simplifient le travail du berger qui peut ainsi mieux surveiller ses bêtes en les passant de temps en temps dans un couloir de tri. A partir de ce type d'installation, plusieurs options sont envisageables (porte tri arrêt, pédiluve, porte guillotine, etc...). Installés à proximité de la cabane, ces parcs peuvent également être mobiles (en fonction des quartiers utilisés tout au long de l'estive), auquel cas, ils sont constitués de filets électriques. Ils peuvent être précieux si une estive se trouve sur une zone où il y a application de mesures agri-environnementales, pour pouvoir mettre en place des parcs de nuit tournants.

❐ CLÔTURES :

La clôture électrique à 4 fils est de loin la plus utilisée pour les parcs ; toutefois, on rencontre aussi des grillages. Pour leur souplesse d'utilisation, les clôtures mobiles sont souvent bien utiles, notamment les filets...

❐ POINTS D' ABREUVEMENT

Il est toujours conseillé d'équiper les alpages et parcours d'abreuvoirs plutôt que faire boire les troupeaux directement dans les torrents (penser à l'hygiène de l'eau pour les autres usagers). Dans les Alpes du Sud, certaines montagnes sont un peu difficiles à gérer compte tenu de la position des points d'eau sur l'estive. En fait, aujourd'hui, on peut mener l'eau où l'on veut (équipement type bélier ou pompe photovoltaïque), ou utiliser le relief pour réaliser des réserves d'eau avec des bâches permettant d'obtenir une bonne étanchéité.

❐ EQUIPEMENTS "MULTI-USAGES"

— La signalisation, l'information :
un joli panneau, discret, placé au départ des circuits de randonnées touristiques, peut rappeler aux autres utilisateurs de ces espaces d'altitude, le rôle du pastoralisme dans l'entretien des espaces naturels et inviter le promeneur et le chasseur à respecter ces aménagements pastoraux.

— Les franchissements de clôtures pour les piétons :
plusieurs des systèmes de franchissement présentés ci-dessous sont commercialisés ; tous permettent aux randonneurs et aux chasseurs de passer les clôtures sans les détériorer.

— Les passages canadiens :
disposés sur les pistes carrossables, ils permettent d'éviter des contraintes d'ouverture et de fermeture de clôtures aux exploitants forestiers notamment. Il en existe également des mobiles.

Pour l'ensemble de ces équipements pastoraux, il est souvent possible de faire appel à des financements publics ; il existe plusieurs fonds concourant à de telles réalisations, d'autant plus qu'ils font souvent partie de programmes plus vastes d'aménagements de l'espace rural. Les chantiers nécessitent un accompagnement technique pour le montage du projet et ensuite, dans sa phase de réalisation. Les équipements pastoraux doivent prendre en compte les attentes de tous ceux que ces espaces intéressent, à savoir les aspects touristiques, culturels, cynégétiques, forestiers …

Dans chaque département, différents organismes assurent, chacun dans leurs domaines d'intervention, les maîtrises d'oeuvre et d'ouvrage de ces opérations : ONF, CRPF, Parcs Nationaux et Régionaux, CERPAM, Sociétés de chasse, collectivités territoriales, Chambres d'Agriculture…

LES AUTRES FONCTIONS DES ESPACES NATURELS : VERS UN AMÉNAGEMENT MULTI-USAGES

Le plus souvent, les parcours ne sont pas la propriété des éleveurs, mais d'une multitude de propriétaires privés ou encore des communes ou de l'Etat. Ces espaces naturels pâturés sont exploités ou visités par d'autres usagers, forestiers, chasseurs, randonneurs. Ils présentent pour les gestionnaires des enjeux environnementaux variés : protection contre l'érosion ou contre les incendies, protection de la flore et de la faune remarquables, préservation des paysages et du patrimoine bâti rural. Pour les éleveurs, l'accès au foncier, ainsi que les relations avec les autres usagers passent par des accords et des mécanismes de concertation qui peuvent se révéler complexes.

❒ L'ACCÈS AU FONCIER

La mise à disposition du foncier pour les éleveurs est une étape incontournable. La forme précaire de "vente d'herbe annuelle" ou d'accords verbaux, bloque toute mise en place d'équipements, elle n'incite pas l'éleveur à veiller au renouvellement de la ressource, enfin elle interdit la signature de contrats agri-environnementaux. C'est par l'établissement de conventions pluriannuelles de pâturage que le propriétaire et l'éleveur auront toute garantie de pérennité de bonne gestion. Ne relevant pas du statut du fermage, ces conventions sont d'application très souple.

La mobilisation du foncier est simple lorsque l'on a affaire à de vastes unités privées ou publiques. L'accord d'un propriétaire privé ou du gestionnaire public (l'Office National des Forêts) suffit. Elle est beaucoup plus complexe face à un foncier très morcelé. Il existe des outils d'aménagement foncier (Association Foncière Pastorale par exemple) qui nécessitent un travail important.

❒ LA GESTION FORESTIÈRE

Dans les massifs boisés, les objectifs du gestionnaire public (Collectivité locale, Office National des Forêts) ou du propriétaire privé (à travers la mise en place de Plans Simples de Gestion) sont multiples : production de bois, amélioration des peuplements, régénération, protection des sols contre l'érosion, protection des massifs contre l'incendie. Ces objectifs sont mis en oeuvre par des plans d'aménagement qui définissent les interventions à conduire sur les peuplements tout au long de leur vie.

La Restauration des Terrains de Montagne (R.T.M.) a ainsi conduit depuis le siècle dernier au reboisement de massifs entiers dans les Préalpes et, dans certains cas, à l'exclusion du pâturage. D'importantes surfaces se sont également enrésinées spontanément avec la déprise pastorale. Aujourd'hui, certains peuplements sont ouverts au pâturage après éclaircie. Le mélézin représente des surfaces pastorales importantes pour les éleveurs à tout point de vue, mais va progressivement arriver à régénération dans les années qui viennent. Dans les taillis de chêne, pâturage et exploitation du bois coexistent ; des éclaircies sylvopastorales permettent aujourd'hui de mieux les associer. Toutes ces opérations qui reposent sur des rythmes temporels et des parcellaires très différents pour le forestier et l'éleveur demandent une concertation dans l'intérêt réciproque des deux parties.

Exploitation forestière d'un mélèzin

❐ LA CHASSE

La chasse est une activité omniprésente en région méditerranéenne, très ancrée dans les traditions rurales. Elle est structurée en Sociétés Communales associées en Fédérations Départementales. Elle est pratiquée sous forme individuelle pour le petit gibier ou en groupe pour le sanglier. Elle met en oeuvre de plus en plus une gestion cynégétique du gibier : création de réserves de chasse, implantation de cultures à gibier et de points d'eau, suivi et régulation des populations, débroussaillements.

Les chasseurs reconnaissent le rôle des troupeaux dans le maintien d'un espace naturel ouvert et diversifié, favorable au gibier. En revanche, ils se montrent souvent gênés par l'empreinte tangible de cette gestion pastorale, à savoir les clôtures ; cette contradiction peut aboutir à l'exclusion du pâturage sur certaines surfaces à certaines périodes de l'année, voire à l'impossibilité de mener une gestion pastorale efficace pour l'entretien des milieux.

❒ L'ÉCOLOGIE, LE PAYSAGE, LES ACTIVITÉS DE LOISIRS

Les espaces naturels abritent des habitats spécifiques riches en flore et faune remarquables. En Provence, ils ont justifié la mise en place d'un réseau important de Parcs Nationaux et Régionaux et de Réserves Naturelles. Si le rôle des troupeaux est largement reconnu dans le maintien des écosystèmes ouverts, il peut être mis en cause localement pour la protection de telle espèce végétale ou la nidification de tel ou tel oiseau.

L'entretien de paysages remarquables, le plus souvent associé à des projets touristiques, s'appuie sur les activités agricoles et pastorales pour maintenir des terroirs aujourd'hui en voie d'embroussaillement. Il s'attache également à sauvegarder le patrimoine bâti rural : restanques, murets, bories, aiguiers, jas.

Enfin, les activités de loisirs se multiplient dans les espaces naturels et sont source d'une fréquentation intense dans les sites touristiques et les massifs périurbains : promenade et randonnée, pédestre, équestre ou en VTT ;

cueillette de champignons et de baies ; ski ; escalade et parapente ; véhicules tout-terrain. Les réglementations ont parfois du mal à canaliser ces activités qui peuvent être perturbatrices pour le milieu et les troupeaux : barrières laissées ouvertes, dérangement des animaux, chiens errants, dégradation des pelouses et des pistes, nuisances sonores. Toutes ces activités sont cependant une source de fréquentation et de revenus pour bien des communes rurales.

LA COHABITATION ENTRE USAGERS MULTIPLES

Cette cohabitation suscite peu de conflits tant que les uns et les autres restent au stade de la cueillette : en colline, la coupe de bois de feu, la chasse et le gardiennage extensif coexistent sans problème. Mais l'aménagement d'un espace, qu'il soit forestier, pastoral ou cynégétique, marque le territoire d'une empreinte matérielle, la clôture par exemple, qui devient le symbole d'une appropriation plus ou moins légitime aux yeux des autres usagers. Au-delà des obstacles réels qu'ils peuvent occasionnellement présenter (régénérations forestières à préserver, cultures à gibier qu'il ne faut pas faire manger, clôtures qui gênent l'accès), les aménagements suscitent des réactions psychologiques et culturelles : en Provence notamment, l'espace est traditionnellement perçu comme devant rester disponible à l'utilisation collective.

Pendant longtemps, c'est le rapport d'autorité, en particulier à travers des dispositions réglementaires dans les terrains gérés par l'ONF, qui a régulé ce type de conflits et la solution s'est souvent résumée à une exclusion totale ou partielle du pâturage. L'éleveur peut se plier à ces contraintes et renoncer à utiliser une partie d'un territoire, ou encore à ne pâturer qu'une partie de l'année. Mais lorsque les contraintes se multiplient ou concernent un secteur de pâturage stratégique, c'est toute l'utilisation de l'unité pastorale qui est remise en cause, voire la viabilité de l'exploitation. C'est ainsi qu'on a vu un nouveau reboisement effectué juste à côté de la cabane et du parc de nuit d'un berger...

Des outils techniques permettent de résoudre certains conflits d'usage : mise en défens de stations de plantes rares, clôtures avec passages pour randonneurs, ou encore clôtures démontables en fin de saison de pâturage. Mais de telles solutions techniques restent ponctuelles et ne peuvent éviter les risques de conflits ultérieurs causés par les modifications de pratiques de l'un ou l'autre des usagers de l'espace.

L'AMÉNAGEMENT MULTI-USAGES

Depuis quelques années, un mode relationnel de tout autre nature fait l'objet de nombreux travaux très innovants et connaît un développement rapide : celui de l'intégration raisonnée et durable de l'activité pastorale dans des opérations d'aménagement et de gestion multi-usages des espaces naturels. Il s'appuie sur la crédibilité acquise auprès des propriétaires et des gestionnaires par la technicité pastorale contemporaine, devenue apte à régler précisément les conditions et les pratiques de pâturage en associant objectifs d'élevage et objectifs de gestion des milieux naturels.

La protection des massifs forestiers contre l'incendie

La conjonction de la DFCI et du pastoralisme fournit un bon exemple. La protection des massifs forestiers contre l'incendie se base classiquement sur l'aménagement de pare-feu linéaires, larges d'une cinquantaine de mètres, desservis par une piste centrale. Un tel dispositif exclut tout entretien pastoral des débroussaillements, car le troupeau ne dispose pas de l'espace suffisant pour se déployer. Aussi, le recours au pastoralisme a provoqué une réorganisation sous la forme de grandescoupures, larges de 100 à 300 m. Dans ces zones à forte exigence d'impact du troupeau sur la végétation, il est également nécessaire pour obtenir le résultat attendu de conduire le pâturage en parcs, de créer des points d'abreuvement, de réaliser éventuellement des sursemis. Plus les conditions de milieu sont difficiles, plus il est nécessaire pour le troupeau de disposer de surfaces complémentaires, à finalité fourragère prioritaire ; elles permettent d'amortir les effets de la variabilité climatique, de satisfaire les besoins des animaux pour des séquences zootechniques déterminantes du cycle de production telles que la lutte et, ce faisant, de garantir un résultat optimal pour le débroussaillement des pare-feu. C'est pourquoi la grande coupure sylvopastorale s'organise en deux zones associées d'aménagement et de gestion, l'une et l'autre dotées des équipements nécessaires : la zone stratégique, à haute exigence d'entretien des débroussaillements, et la zone d'appui pastoral, attenante ou au besoin en partie excentrée. En retour, l'espace globalement entretenu par le troupeau s'en trouve considérablement étendu, améliorant d'autant le dispositif de prévention des incendies.

Lors d'un grand incendie dans le Var en 1990, le feu s'est arrêté à la limite de la coupure pâturée.

Du point de vue pastoral, de tels aménagements s'appuient sur la conjugaison de deux types de projets clairement fixés :

- **un projet sur un territoire,** établi en fonction d'un ensemble d'objectifs hiérarchisés définis par les gestionnaires : forestier, DFCI, écologique, paysager, cynégétique ; ce projet territorial fait appel à la gestion pastorale comme outil pour atteindre ses objectifs.
- **un projet d'élevage,** prenant en compte les impératifs économiques, sociaux et familiaux d'exploitations agricoles, et basé sur des troupeaux, des surfaces fourragères, des équipements, des capacités en travail.

C'est en veillant à la pleine cohérence de chacun de ces deux projets que l'on cherchera à les associer. Cette double exigence de cohérence nécessite des adaptations plus ou moins importantes pour l'un et l'autre. Ceux-ci, en retour, peuvent en être renforcés, comme l'illustrent les exemples en encadré. Pour l'éleveur, cette adaptation peut le conduire à modifier fortement son système d'exploitation (effectifs, calendrier de reproduction, organisation des surfaces fourragères, matériel). En fonction des demandes du gestionnaire, elle peut l'amener jusqu'à la fourniture de prestations de services, bien au-delà de l'intérêt économique intrinsèque de l'exploitation. Les travaux d'équipement du site aménagé, ainsi que ses coûts de fonctionnement, doivent permettre d'atteindre les objectifs du gestionnaire comme de satisfaire aux besoins de la gestion pastorale. Il convient d'en examiner la répartition entre le maître d'ouvrage de l'aménagement et l'éleveur.

L'aménagement et la gestion multi-usages des espaces naturels ne se résument donc pas à juxtaposer dans l'espace et dans le temps diverses activités. De telles opérations nécessitent en permanence concertation et négociation de compromis réciproques. Elles imposent également des progrès dans les savoirs et les pratiques de chacune des disciplines techniques concernées, à la lumière de leur association. La pérennité de ces opérations doit être un souci permanent de la part de chacun des partenaires : efficacité et pérennité de la gestion pastorale, pérennité de l'engagement du gestionnaire, reconduction des contrats agri-environnementaux. Sans cet engagement dans le temps, le projet sur le territoire mais aussi parfois la viabilité de l'exploitation fortement engagée sur un projet territorial peuvent se voir compromis.

Tétras-lyre et pâturage

En alpage, la protection des zones de nidification du tétras-lyre conduit généralement à reporter leur utilisation pastorale jusqu'au début du mois d'août au moins. Si cette mesure de précaution s'impose en l'état actuel des connaissances, son application nécessite que le troupeau, dont on ne peut différer la date de montée en alpage, puisse disposer d'un quartier de substitution pour le mois de juillet, sans compromettre non plus le déroulement de l'ensemble de la saison estivale de pâturage. De même, la recherche d'un contrôle par le pâturage de tel type de végétation, peut exiger de s'assurer des axes de circulation des animaux, de l'organisation fonctionnelle des secteurs, au besoin de la mise en place d'équipements. On est alors amené à raisonner l'ensemble du système de gestion pastorale de l'alpage pour traiter différents aspects localisés de sa gestion environnementale, en retrouvant à nouveau la complémentarité entre zone stratégiques, porteuses des objectifs prioritaires du gestionnaire, et zone d'appui pastoral, liées à l'intervention d'un troupeau et à la cohérence préservée d'un système d'élevage.

Sur certains alpages, le pâturage du mélézin est reporté à la fin de l'été pour préserver les nichées

ALPAGES

	PELOUSES ALPINES RASES n° 1 page 73	GRANDES PELOUSES D'ALPAGES n°2 page 77	PELOUSES A FETUQUE PANICULEE n°3 page 81	PELOUSES D'ADRET n°4 page 85	MELEZIN n°5 page 89
altitude	2300 à 2700 m	1800 à 2500 m	1800 à 2400 m	1700 à 2500 m	1200 à 2300 m
topographie relief	relief plat, creux ou mamelonné	vaste relief peu accidenté	peu accidenté	pente forte à l'adret	tout relief
sol substrat	variable	moyen à profond	profond	moyen à superficiel	variable
recouvrement arboré	**0%**	**0%**	**0%**	**variable**	**100%**
mélèze					
pin à crochets					
pin sylvestre					
recouvrement arbustif	**0%**	**0%**	**0%**	**variable**	**variable**
genévrier nain					
recouvrement au sol	**30 à 100 %**	**> 90 %**	**100%**	**30 à 100 %**	**jusqu'à 100 %**
agrostide					
airelle					
alchemille à 5 feuilles					
avoine de montagne					
Avena parlatorei					
brachypode penné					
canche					
Carex curvula					
Carex sempervirens					
centaurée des alpes					
dryade					
élyna queue de souris					

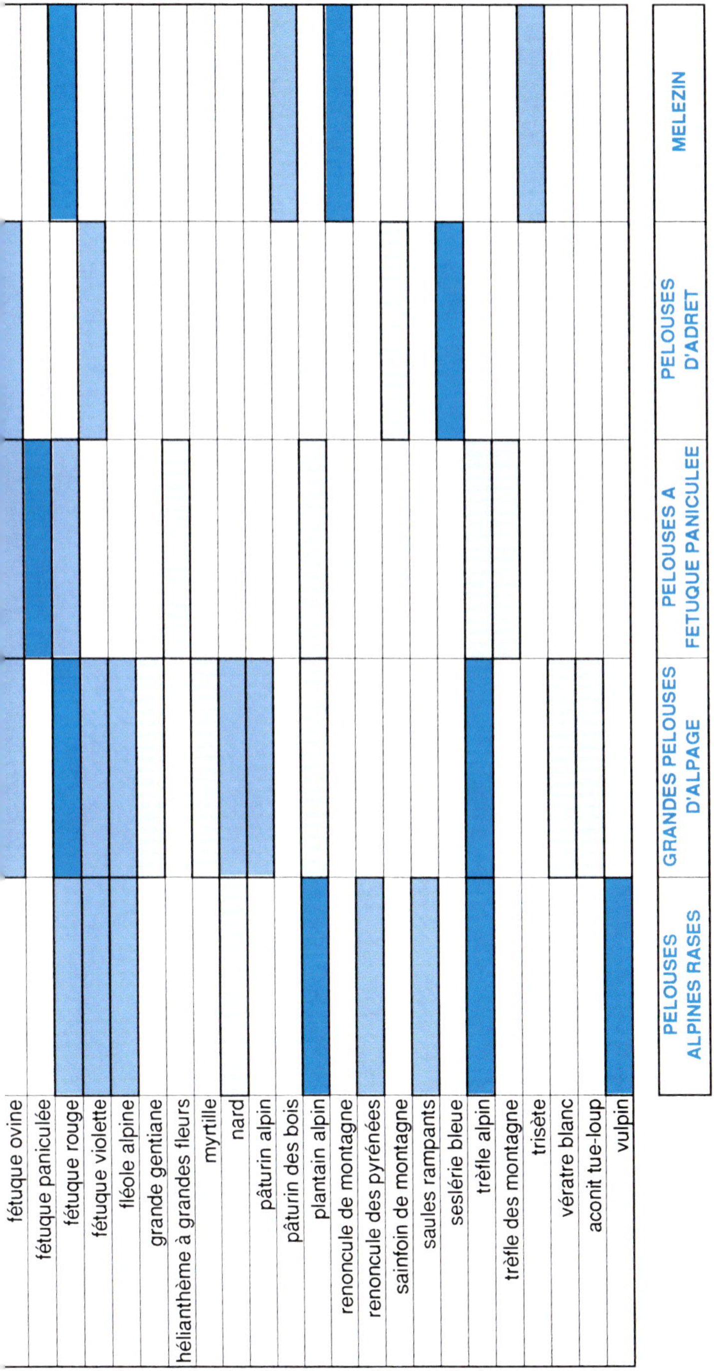
fétuque ovine
fétuque paniculée
fétuque rouge
fétuque violette
fléole alpine
grande gentiane
hélianthème à grandes fleurs
myrtille
nard
pâturin alpin
pâturin des bois
plantain alpin
renoncule de montagne
renoncule des pyrénées
sainfoin de montagne
saules rampants
seslérie bleue
trèfle alpin
trèfle des montagne
trisète
vératre blanc
aconit tue-loup
vulpin
PELOUSES ALPINES RASES
GRANDES PELOUSES D'ALPAGE
PELOUSES A FETUQUE PANICULEE
PELOUSES D'ADRET
MELEZIN

LES PELOUSES ALPINES RASES

Au delà de 2200 mètres, ces pelouses fermées et très rases de l'étage alpin occupent tous les reliefs où la neige demeure plus de 7 mois. Très tardives (fin juillet - début août), avec un cycle végétatif court, elles sont constituées d'espèces très rases (feuilles inférieures à 8 cm) et très appétentes. Elles sont le pâturage idéal des quartiers d'août des alpages.

Il convient d'empêcher les troupeaux ovins de monter trop tôt sur ces secteurs très attractifs : d'une part, pour laisser la ressource se développer et d'autre part, pour la réserver à la période où les autres milieux sont devenus peu appétents. Il convient aussi de respecter un niveau de chargement adéquat. En effet, à une telle altitude où la saison de végétation est très brève, toute dégradation de la pelouse par surpâturage est très longue à cicatriser.

Ces pelouses forment des unités de taille très variable : depuis le vaste plateau jusqu'à la combe à neige plus réduite. Le comportement du troupeau est différent selon la forme du relief : alors que les animaux pâturent tranquillement sur les plateaux et les combes, ils ont tendance à se déplacer plus vite sur les reliefs mamelonnés constitués de creux et de bosses.

Ces pelouses sont également l'habitat de prédilection du lagopède, qui y niche au sol sans abri. Jusqu'au début du mois d'août, le pâturage risque de déranger la nichée.

PELOUSES ALPINES RASES

LES QUARTIERS D'AOÛT DES ALPAGES

Localisation : étage alpin, de 2 300 à 2 700 mètres d'altitude

Topographie : toutes les zones en creux ou mamelonnées :
- plateaux et replats en pente faible, formant de grandes unités ;
- combes et vallons de superficie plus restreinte ;
- reliefs mamelonnés constitués de petits creux et bosses pouvant former de grandes unités.

Substrat et sol : les zones en creux sont des zones d'accumulation d'éléments fins ; sol acide ou sol acidifié en surface sur substrat calcaire. Les zones de mamelons sont souvent caillouteuses, morainiques parfois fragiles sur les zones à gypse.

Arbres et arbustes : inexistants.

Au sol : pelouse très rase ($\leq$ 8 cm) à composition caractéristique ;

• **sur les plateaux et les zones de creux, le recouvrement herbacé est de 100%.** Les espèces dominantes sont très appétentes : le plantain alpin (*Plantago alpina*), le trèfle alpin (*Trifolium alpinum)*, le vulpin (*Alopecurus gerardii)*. Souvent présents, les saules rampants (*Salix herbacea, S. reticulata)*, sont moins attractifs pour les animaux. On trouve également la renoncule des Pyrénées (*Ranunculus pyrenaeus),* la fléole (*Phleum alpinum)*, l'alchemille à cinq feuilles (*Alchemilla pentaphyllea)*, la fétuque rouge (*Festuca rubra)*, le nard *(Nardus stricta)*, et un autre trèfle *(Trifolium thalii.*).

• **sur les bosses, le recouvrement est de 30 à 100%.** On y trouve : l'élyna queue de souris (*Elyna myosuroïdes),* la globulaire à feuilles en coeur *(Globularia cordifolia)*, des carex *(Carex sempervirens, C.curvula)*, la dryade *(Dryas octopetala)*, la fétuque violette *(Festuca violacea).*

RESSOURCE ET UTILISATION PASTORALES DES PELOUSES ALPINES RASES

Seuls les ovins peuvent valoriser ces pelouses rases !...
A partir du mois d'août, la conduite se fait en gardiennage en prenant soin de limiter la durée du séjour sur les zones en creux et d'éviter les passages répétés sur les secteurs mamelonnés.

Alors que les combes et les plateaux, avec leur relief calme et leur herbe rase et appétente constituent des bases de pâturage pour les troupeaux ovins, les vastes reliefs mamelonnés sont des zones de déplacements. Par manque de visibilité, les animaux ont tendance à se rechercher plutôt qu'à manger. Le troupeau se déplace beaucoup. L'impact de ces passages répétés est visible sur le flanc des bosses.

Attention aux estives non surveillées ! Un troupeau non gardé cherche toujours à monter… et comme la ressource est très tardive, il risque de pâturer cette pelouse trop tôt en juillet, avant même que l'herbe n'ait démarré. Ce "déprimage" compromet la pousse qui se déroule sur une saison végétative extrêmement brève. L'herbe ne sera plus disponible au mois d'août, au moment où on en aura le plus besoin.

Par ailleurs, un pâturage trop intensif provoque une dégradation de la ressource. Le surpâturage est souvent dû à un quartier d'août de taille insuffisante par rapport aux besoins du troupeau : il convient de limiter la durée de la présence du troupeau.

- **Production :** sur plateaux et combes, 250 à 700 kg de matière sèche / ha.
- **Ressource disponible :**
  - sur les plateaux et combes : 100 à 200 jbp/ha. Des prélèvements supérieurs seraient risqués.
  - sur les reliefs mamelonnés : 50 à 100 jbp/ha selon le taux de recouvrement.

Ces niveaux de ressource peuvent paraître faibles pour des pelouses attractives. Ils sont dûs à la brièveté de la période végétative. Ils s'expliquent par la prudence nécessaire à la gestion de ces milieux.

ENJEUX ÉCOLOGIQUES

Ces pelouses alpines rases sont un écosystème de haute altitude très spécialisé.

Elles sont stables et bien adaptées au pâturage des troupeaux, mais aussi à l'alimentation des chamois et des mouflons.

Par contre, toute atteinte par surpâturage et surtout par intervention mécanique, en particulier dans les stations de ski, y est très longue à cicatriser.

L'habitat des lagopèdes : les combes à neige, avec des saules rampants et des pierres bien enchâssées dans la pelouse, sont l'habitat privilégié du lagopède, en particulier pour sa nidification qui s'effectue au sol, sans abri. La montée trop précoce de troupeaux, avant le mois d'août, peut donc compromettre par endroit la réussite de la couvaison, par piétinement des nids ou simplement par dérangement de la femelle. En effet, celle-ci ne revient pas sur son nid.

Après l'éclosion des œufs, les lagopèdes ne se tiennent plus longtemps sur ces secteurs : ils gagnent vite les pierriers où ils se nourrissent de bourgeons de saule, de saxifrages… et aussi de petits insectes ; à partir du mois d'août, il y a donc peu de risque de concurrence avec le pâturage.

LES GRANDES PELOUSES D'ALPAGES

Principaux constituants des alpages, ces pelouses recouvrent de vastes versants peu pentus ou replats, au relief peu marqué en toute exposition. On les trouve entre 1 800 et 2 500 mètres d'altitude. La neige s'y maintient environ 5 à 7 mois, enneigement intermédiaire entre les pelouses d'adrets et les pelouses alpines rases ; c'est pourquoi on les qualifie de "pelouses de mode intermédiaire".

La pelouse recouvre totalement le sol. En début d'été, les feuilles des espèces dominantes atteignent une hauteur de 8 à 20 cm. Le tapis herbacé comprend quatre espèces principales, dont l'abondance relative détermine la gestion pastorale : fétuque rouge, carex sempervirens, nard, trèfle alpin.

De ces quatre espèces, la fétuque rouge disposée en touffes, représente le fonds pastoral ; le trèfle alpin, disséminé, détermine selon son abondance la qualité fourragère ; les touffes de carex et encore plus les plages de nard, peu appétentes, sont difficiles à faire manger. Le nard a des feuilles très étroites et raides, et peut couvrir des surfaces étendues.

La myrtille et l'airelle peuvent être présentes dans ces pelouses. Non consommées par les animaux, elles éliminent tout intérêt pastoral lorsqu'elles deviennent très dominantes.

GRANDES PELOUSES D'ALPAGES

DE GRANDES ÉTENDUES ENHERBÉES AU RELIEF PEU ACCIDENTÉ

Localisation : étages alpin et surtout subalpin, de 1 800 à 2 500 mètres d'altitude.

Topographie : ensembles vastes donnant un aspect physionomique uniforme au relief peu accidenté : grands versants peu pentus, grands replats, relief mamelonné composé de croupes et de creux peu accentués. Toutes expositions, adrets surtout dans l'étage alpin.

Substrat : non calcaire, ou calcaire avec acidification du sol.

Sol : moyen à profond.

Arbres et arbustes : inexistants.

Au sol : pelouse dense avec de rares plages de sol nu (recouvrement supérieur à 90 %) ; peu élevée (hauteur du feuillage entre 8 et 20 cm), elle présente des faciès variables principalement composés de fétuque rouge *(Festuca rubra)*, carex (*Carex sempervirens*), trèfle alpin *(Trifolium alpinum)*, fétuques ovine et violette *(Festuca ovina, F. violacea)*, agrostide *(Agrostis capillaris)*, canche *(Deschampsia flexuosa)*, pâturin alpin *(Poa alpina)*, fléole alpine *(Phleum alpinum)*, et parfois nard *(Nardus stricta)*. Quelques plantes hautes caractéristiques la font reconnaitre de loin : la grande gentiane *(Gentiana lutea)*, le vérâtre blanc *(Veratrum album)*, l'aconit tue-loup *(Aconitum lycoctonum)*. Lorsque le nard est très dominant, la formation herbacée est appelée nardaie. Localement, il arrive aussi que la myrtille *(Vaccinium myrtillus)* et l'airelle *(Vaccinium uliginosum)* se développent sur ces pelouses jusqu'à atteindre 80% de recouvrement, surtout en ubac.

RESSOURCE ET UTILISATION PASTORALES DES PELOUSES INTERMÉDIAIRES

LES COMPOSANTES DE LA RESSOURCE

De mi-juin à début juillet, apparaissent successivement plusieurs plantes à l'appétence et à la valeur pastorale variables ...

La fétuque rouge se développe en touffes, à partir du début juillet, et constitue l'essentiel de la ressource, malgré son appétence très moyenne. Elle est irrégulièrement mangée lorsque le gardiennage est lâche.

Le carex sempervirens, peu appétent, est précoce (deuxième quinzaine de juin). Ses touffes ne sont consommées qu'avec un chargement fort et un gardiennage serré, au plus tard début juillet.

Le trèfle alpin fleurit début juillet. Jamais dominant, son abondance détermine la qualité de la pelouse. Toujours consommé en premier, il tend à régresser au profit des espèces plus grossières si le berger n'adopte pas un gardiennage serré.

Le nard est précoce (deuxième quinzaine de juin), et ses feuilles dures et riches en silice sont refusées par toutes les espèces animales à l'exception des équins. En situation topographique de croupe et de replat, le nard tend à se développer au détriment des autres espèces jusqu'à devenir très dominant. La gestion de la nardaie est donc très difficile.

Ces pelouses conviennent aussi bien à des ovins qu'à des bovins. Les bovins consomment mieux la fétuque rouge et le carex. La production de matière sèche par hectare en début d'été varie entre 1200 et 1800 kg selon l'abondance de la fétuque rouge. Les espèces dominantes étant plutôt grossières, elles doivent être consommées en début d'estive, entre le 15 juin et le 15 juillet, afin d'être mieux valorisées. Il est important de conduire le troupeau de façon serrée pour provoquer un chargement instantané fort.

Productives, ces pelouses correspondent aux bases de pâturage des quartiers de juillet des alpages. Il arrive que certains alpages ne disposent pas des quartiers d'altitude spécifiques du mois d'août : ces pelouses sont alors utilisées comme telles, mais alors la gestion globale de la ressource devient compliquée…

PÂTURAGE PAR DES OVINS

Selon l'abondance de la fétuque rouge et surtout du trèfle alpin, la ressource pastorale pour des ovins est de 400 à 600 jbp/ha
Dans l'étage subalpin, jusque vers 2000 à 2200 mètres, la repousse sur les secteurs pâturés avant le 15 juillet permet un deuxième passage en fin d'estive : compter sur 100 jbp/ha.

AMÉLIORATION DE LA NARDAIE

Pour gérer la nardaie, il faut un pâturage en parc clôturé en début d'estive (fin juin) avec un chargement très fort ; ou mieux, des parcs de nuit tournants.

Lorsque le nard est très dominant, le troupeau refuse de se tenir sur la pelouse. En gardiennage même serré, les prélèvements obtenus sont faibles : 50 à 200 jbp/ha. Il est important de chercher à freiner l'extension du nard, voire à le faire reculer.

Le pâturage en parc clôturé est difficile à mettre en œuvre : les parcs doivent être petits, entre 1 et 5 ha, avec un chargement de 200 à 500 brebis/ha ; la ressource pastorale s'élève alors de 200 à 400 jbp/ha.

L'utilisation en parcs de nuit tournants est encore plus efficace pour faire régresser le nard grâce à l'effet de fumure qui profitera au développement d'autres espèces telles que le trèfle alpin, le pâturin alpin, la fléole alpine et la fétuque rouge. La durée de présence des ovins dans les parcs de nuit doit atteindre au moins 2 nuits/brebis/mètre carré ; soit, par exemple, pour un troupeau de 1200 brebis : 4 nuits de présence dans un parc de 2500 m^2. Le parc de nuit est ensuite déplacé pour améliorer de nouvelles surfaces. Le même secteur est à nouveau pâturé à l'automne.

L'effet améliorateur se prolonge pendant quelques années, mais il est nécessaire d'y revenir au moins une fois tous les 3 ans pour l'entretenir.

LES PELOUSES À FÉTUQUE PANICULÉE *ou "QUEYREL"*

Sur les parties basses des alpages, la fétuque paniculée, ou spadicée, ou "*QUEYREL*" est une graminée vivace aux feuilles longues et épaisses, qui forme des touffes hautes de 30 à 40 cm bien reconnaissables.
Cette espèce très productive se caractérise dès le mois d'avril par un démarrage précoce et une croissance rapide. Installée sur des sols profonds, en pente faible et de préférence en adret, elle était exploitée autrefois en prairie de fauche au mois d'août. Cette pratique favorisait le maintien d'une remarquable diversité floristique.

Depuis quelques décennies, la fauche est abandonnée. Les touffes de fétuque paniculée s'épaississent d'année en année par accumulation des feuilles mortes. Progressivement, les autres espèces herbacées régressent.

Ce type de pelouse couvre plus de 12 000 hectares dans les Alpes du sud. L'introduction du pâturage à la place de la fauche pose de nombreux problèmes. Espèce coriace, la fétuque paniculée est peu appétente et très mal mangée par les ovins surtout en pâturage tardif ; les bovins et les équins la consomment mieux. Ce sont les interventions précoces, le pâturage comme la fauche, qui risquent le plus de faire régresser l'espèce.

Même en l'absence de pâturage ou de fauche, la dynamique des pelouses à fétuque paniculée semble bloquée en raison d'une litière sèche épaisse qui fait obstacle à l'implantation de buissons ou de mélèzes.

PELOUSES À FÉTUQUE PANICULÉE

UNE PELOUSE HAUTE ET DENSE

Localisation : de 1 800 à 2 400 mètres d'altitude dans l'étage subalpin.

Topographie : versants peu pentus, grands replats, terrasses, exposition sud préférentielle.

Substrat : indifférencié.

Sol : profond, séchant ; accumulation d'éléments issus de l'amont.

Arbres et arbustes : absents

Au sol : pelouse haute et dense avec un recouvrement total où dominent toujours les grosses touffes de **fétuque paniculée** *(Festuca paniculata).* Plusieurs types de faciès peuvent se présenter :

• ***faciès diversifié :*** la diversité floristique se compose de 50 à 80 espèces, où dominent notamment d'autres fétuques *(Festuca ovina, F. rubra)*, le carex (*Carex sempervirens)*, le plantain *(Plantago alpina)*, des trèfles *(Trifolium montanum, T. alpinum)*, l'hélianthème à grandes fleurs *(Helianthemum grandiflorum).* On note aussi la présence de la centaurée des Alpes *(Centaurea uniflora).*

• ***faciès peu diversifié :*** après abandon de la fauche, l'accumulation des feuilles sèches donnent aux touffes un port spécifique en monticules, "les touradons".
La litière accumulée fait chuter fortement la diversité floristique : le nombre d'espèces est divisé par 2 ou 3.

RESSOURCE ET UTILISATION PASTORALES DE LA PELOUSE À FÉTUQUE PANICULÉE

Par son déneigement rapide, la pelouse à fétuque paniculée offre très tôt une herbe très productive, mais peu appétente pour des ovins passé le stade montaison, soit dès le mois de mai.

Malgré la difficulté d'en réaliser une bonne gestion, ces milieux représentent un atout important, notamment en permettant une montée précoce des troupeaux. Très productives, ces pelouses constituent toujours une base de pâturage pour les troupeaux en début d'estive. La production de matière sèche est comprise entre 1,5 et 3,5 tonnes par hectare et par an.
Avec un pâturage précoce, la fétuque paniculée tend à régresser. Mais au delà de la mi-juillet, elle est trop coriace et toutes les espèces animales la refusent. Si elle est bien mangée en début d'estive, un nouveau passage sur les repousses d'automne est intéressant.

PÂTURAGE PAR LES OVINS

Le pâturage doit être effectué dans tous les cas avec un chargement fort et un gardiennage serré.

Les troupeaux ovins locaux peuvent être introduits à partir de la fin mai, quant aux troupeaux transhumants, ils doivent l'utiliser dès la montée en estive. Cependant, même avec un chargement fort, on n'arrive jamais à une consommation complète de la strate herbacée. La ressource consommable par des ovins dépend du mode de gardiennage et des plantes qui accompagnent la fétuque paniculée :

- **en pâturage lâche ou en plein été : 250 jbp/ha/an,** non comprise une masse importante de refus.
- **en gardiennage serré avec un chargement fort, ou en parc clôturé : de 350-500 jbp/ha/an** sur une pelouse avec du nard ou du carex, **à 500-800 jbp/ha/an** s'il y a de la fétuque rouge ou du trèfle. Ce résultat est plus facile à atteindre avec de petits parcs (5 à 10 ha) que l'on peut rediviser avec une clôture mobile, et un chargement fort (>100 brebis / ha). Dans un parc plus grand, les bêtes vont piétiner et gaspiller l'herbe.

PÂTURAGE PAR LES BOVINS ET LES ÉQUINS

Les bovins et surtout les chevaux valorisent mieux cette espèce coriace en début d'estive, à condition de contenir les animaux sur ces surfaces avec une clôture. La ressource, selon les faciès, est de 60 à 120 journées de pâturage bovins ou équins par hectare et par an. Un chargement instantané important de 4 bovins ou chevaux / ha est recommandé pour atteindre ces prélèvements.

ENJEUX ÉCOLOGIQUES

Les pelouses à fétuque paniculée représentent un enjeu écologique majeur. Quand elles sont fauchées, leur diversité floristique est très grande.

L'abandon de la fauche et du pâturage entraîne l'appauvrissement de cette formation végétale. Un pâturage intensif permet de limiter le développement des touffes de fétuque paniculée. Mais il ne suffit probablement pas à préserver toute la richesse de la formation fauchée.
Le chardon bleu "reine des Alpes"est, entre autres espèces, présent sur la pelouse à fétuque paniculée. Cette espèce était favorisée par la fauche tardive après sa fructification. Sa protection passe soit par le maintien d'une fauche tardive, soit par une mise en défens localisée.

Mais l'abandon de la fauche n'a pas que des inconvénients... Dans le faciès peu diversifié, la fétuque paniculée fournit des sites favorables pour **la nidification du tétras-lyre** (☞ page 93)**,** sites nouveaux pour l'espèce : la végétation déjà haute au moment de la ponte (15-20 mai) lui procure un bon abri, l'abondante litière fournissant une excellente isolation thermique pour la couvaison. A partir de juillet, l'élevage des jeunes tétras s'effectue dans d'autres milieux voisins plus riches en ressources alimentaires (faciès diversifié de la pelouse à fétuque paniculée, et mélézin). Lorsque l'on connaît la présence de nichées, il est donc souhaitable d'éviter le passage de troupeaux importants en début d'estive.

Les ongulés, chamois et mouflons, trouvent dans cette pelouse du fait de son déneigement précoce, une ressource alimentaire appréciable à la sortie de l'hiver.

Par contre, l'absence de pâturage et de fauche sur ces pelouses provoque une accumulation de l'herbe sèche : cela accroît les **risques d'avalanche.**

LES PELOUSES D'ADRETS
dites "DE MODE THERMIQUE"

Dans l'étage subalpin et même alpin, les adrets sont les milieux qui déneigent le plus vite. Ainsi, certains versants chauds et précoces sont recouverts de neige pendant seulement 4 à 5 mois. Privés tôt de l'abri de la neige, ils supportent des variations de température importantes. C'est à ce titre que les pelouses qui recouvrent ces adrets sont qualifiées de "pelouses de mode thermique".

Elles démarrent, selon l'altitude, entre la mi-mai et la mi-juin.

En fonction de la pente, on distingue 2 types de pelouse :

Sur **pente très forte**, il s'installe une pelouse ouverte (30 à 60% de recouvrement) disposée en gradins, avec deux espèces caractéristiques : la seslérie bleue et l'avoine de montagne. Ces pelouses doivent être réservées à des ovins et pâturées avec prudence pour éviter tout risque de dégradation.

Sur **pente moins forte**, en particulier au bas de ces adrets à l'étage subalpin, c'est une pelouse bien enherbée qui recouvre le sol (60 à 100%).

Tous ces adrets peuvent s'embroussailler avec le genévrier nain, mais aussi s'enrésiner avec le mélèze ou le pin à crochet.

PELOUSES D'ADRETS

DES PELOUSES PRÉCOCES

Localisation : dans les étages subalpin et alpin, de 1 700 à 2 500 m.

Topographie : à l'adret, pentes fortes à très fortes ; éboulis stabilisés.

Substrat : indifférencié.

Sol : moyen à superficiel, susceptible de dégradation en raison de la pente.

Arbres et arbustes : colonisation possible par le genévrier nain *(Juniperus communis ssp nana)*, le mélèze *(Larix decidua)*, le pin à crochet *(Pinus uncinata)* et le pin sylvestre *(Pinus sylvestris)*.

Au sol :

• **Sur pente très forte et sol caillouteux** : Les touffes d'herbe sont disposées en gradins, laissant une place importante aux cailloux et au sol nu. Le recouvrement herbacé varie de 30 à 60% avec principalement l'avoine de montagne *(Avena montana)* et la seslérie bleue *(Sesleria coerulea)*, mais aussi des petites fétuques *(Festuca ovina, F. violacea)*, la canche *(Deschampsia flexuosa)* et une autre avoine *(Avena parlatorei)*.

• **Sur pente moins prononcée avec un sol plus profond :** le recouvrement herbacé atteint 60 à 100% avec le brachypode penné *(Brachypodium pinnatum)*, le sainfoin *(Onobrychis montana)*, la seslérie bleue *(Sesleria coerulea)*, le carex *(Carex sempervirens)*, l'agrostide vulgaire *(Agrostis vulgaris)*, des fétuques *(Festuca ovina, F. rubra, F. violacea)* et la canche *(Deschampsia flexuosa)*.

RESSOURCE ET UTILISATION PASTORALES DES PELOUSES D'ADRETS

Précoces, ces pelouses démarrent entre la mi-mai et la mi-juin.

PÂTURAGE EXCLUSIVEMENT PAR LES OVINS

Ces versants sont pâturés en début d'estive (2ème quinzaine de juin - 1ère quinzaine de juillet).

Sur les pentes très fortes, les **pelouses en gradin** doivent être gérées avec prudence, à une seule période de l'année. Elles fournissent une ressource non négligeable, mais le berger doit "tenir" le troupeau qui tend à courir. Ces pentes doivent être pâturées à la montée en évitant les passages répétitifs. Il ne faut pas chercher un raclage complet sur ces milieux susceptibles de dégradation.

Sur les **pentes bien enherbées**, la ressource est intéressante et constitue un bon pâturage en début d'estive. Un retour à l'automne est possible sur les repousses. Dans le cas où la seslérie et le sainfoin sont abondants, le maintien de la qualité de la ressource permet de reporter le pâturage en fin d'estive.

Production de matière sèche :

- Pelouse en gradin : 500 - 1000 kg/ha/an et plus si l'avoine de montagne y est très abondante

- Pente bien enherbée : 1200 - 2000 kg/ha/an

Ressource pastorale disponible :

	Etage subalpin	*Etage alpin*
Pelouse en gradin	250 à 350 jbp/ha	150 à 220 jbp/ha
Pente bien enherbée	350 à 500 jbp/ha	

ENJEUX ÉCOLOGIQUES

Les pelouses thermiques sont des milieux à très grande richesse écologique.

La bartavelle apprécie les adrets en pente forte à la structure composite, herbacées, buissons et cailloux, favorables à la nidification et à l'élevage des jeunes. Les nids sont établis, soit sous les buissons bas, soit à l'abri de rochers. L'éclosion a lieu surtout en juillet et jusqu'à la mi-août ; les bartavelles trouvent une alimentation strictement végétale en hiver et au printemps, plus diversifiée en été et en automne avec les baies, les graines, mais aussi les criquets.

Par contre, la bartavelle délaisse les adrets trop embroussaillés (supérieur à 70%) par manque de ressources herbacées. En limitant l'embroussaillement, le pâturage est favorable à l'entretien de l'habitat. Par contre, au printemps et en été, le passage des troupeaux peut déranger la femelle au nid. Lorsque les zones de nidification sont bien repérées, et si elles ne se situent pas sur les principaux circuits de pâturage, on peut préconiser le report du pâturage ou une limitation du nombre de passages du troupeau.

Ces milieux sont également fréquentés par des ongulés sauvages, surtout **le mouflon**.

LE MÉLÉZIN

5

Essence pionnière, le mélèze est d'abord un arbre qui a besoin de lumière ! Dans le haut de l'étage montagnard et sur tout l'étage subalpin, le mélèze profite du climat lumineux qui lui est nécessaire : hygrométrie faible et absence de brouillard.
Le mélèze se développe en colonisant d'anciens parcours, des éboulis, des moraines, des talus ... à la faveur d'un sol dégagé, si possible meuble ou remué, sans couverture herbacée importante. Par contre, il ne colonise que lentement une pelouse dense ou une prairie ... sauf si le sanglier, en labourant le sol à la recherche de bulbes, se fait son complice et prépare le semis spontané de graines de mélèze.

Le mélèze a profité de la déprise agricole en montagne, par implantation spontanée, mais aussi par reboisement volontaire dans le cadre de la loi RTM (Restauration des Terrains de Montagne) de 1882. C'est l'un des rares résineux à perdre ses feuilles en hiver. La lumière est donc toujours suffisante pour permettre l'installation d'une strate herbacée.

Non putrescible, le mélèze est une essence traditionnellement très appréciée pour la qualité de son bois. Dans tous les cas, la production de bois reste prioritaire dans la conduite d'un peuplement, à laquelle on cherche à associer un objectif pastoral.

En l'absence de pâturage, le mélézin s'embroussaille de genévrier nain, de myrtille, de raisin d'ours, de rhododendron et la qualité pastorale peut chuter considérablement. Dans le peuplement âgé, d'autres essences se développent sous son abri : sapin, pin sylvestre, épicéa, et aux altitudes les plus élevées, pin Cembro. Par contre, le méléze se régénère difficilement sous son propre couvert.

MÉLÉZIN

LE MÉLÉZIN DANS LES ALPES DU SUD

Localisation : étage subalpin et ubac dans l'étage montagnard, de 1200 à 2300 mètres d'altitude. **78 000 hectares** dans la région Provence-Alpes-Côte d'Azur, dont : 36 000 ha dans les Haute-Alpes, 23 000 ha dans les Alpes de Haute-Provence, et 19 000 ha dans les Alpes-Maritimes.

Topographie : abondant en ubac, il est également présent sur replats et adrets ; éboulis, versants, moraines …

Substrat et sol : il se développe sur tous les substrats à condition que le sol soit filtrant, car une bonne alimentation en eau lui est nécessaire.

L'intérêt pastoral du mélézin est très variable ; cependant, quelle que soit sa ressource fourragère, il offre toujours un abri intéressant pour les animaux en cas d'intempéries (forte pluie ou neige pendant l'estive).

La forêt de mélèzes *(Larix decidua)* prend divers aspects selon les conditions écologiques dans lesquelles elle se développe :

• **Le mélézin xérophile :** en conditions sèches, surtout en adret, un mélézin clair s'installe sur une pelouse embroussaillée à seslérie *(Sesleria coerulea)* et genévrier nain *(Juniperus nana)*. L'intérêt pastoral y est moyen. (☞ page 85, LES PELOUSES D'ADRETS)

• **Le mélézin mésophile, ou "pastoral"** : en ambiance fraîche, les mélèzes forment un sous-bois constitué d'une pelouse continue et de qualité. Le recouvrement herbacé est de 80 à 100%, dominé par la fétuque rouge *(Festuca rubra)*, la canche *(Deschampsia flexuosa)* et la renoncule de montagne *(Ranonculus montanus)*, accompagnées par le pâturin des bois *(Poa nemoralis)* et le trisete *(Trisetum flavescens)*. C'est ce type de mélézin dont on estime la valeur pastorale page suivante.

• **Le mélézin hygrophile :** en condition très fraîche (ubacs, replats à sol profond, vallons), on trouve en sous-bois des formations herbacées hautes à géranium des bois *(Geranium sylvaticum)* et cerfeuil sauvage *(Chaerophyllum hirsutum)*. L'intérêt pastoral y est très limité.

• **Les mélézins mixtes** : le mélèze est accompagné de pin Cembro *(Pinus cembra)*, épicéa *(Picea abies)*, pin à crochet *(Pinus uncinata)* formant un couvert plus sombre, avec moins d'herbe : l'intérêt pastoral y est donc faible.

• **Les mélézins embroussaillés**, soit à myrtille *(Vaccinium myrtillus)* et raisin d'ours *(Arctostaphylos uva-ursi)*, soit à saules *(Salix sp.)* ; ils n'offrent pas d'intérêt pastoral.

VALEUR ET UTILISATION PASTORALES DU MÉLÉZIN "PASTORAL"

5

C'est parce qu'il est le plus significatif sur le plan pastoral qu'on nomme ainsi le mélézin mésophile : sur les alpages, c'est lui qui propose les meilleurs pâturages en sous-bois. En réalité, il est souvent en mosaïque avec des faciès plus hygrophiles ou xérophiles, ainsi que divers faciès embroussaillés (genévrier nain en adret, myrtille, rhododendron), sur pentes pas trop fortes. Il s'installe sur un sol peu caillouteux, ce qui n'exclut pas la possibilité de quelques affleurements rocheux.

La ressource est uniquement herbacée, composée essentiellement de graminées hautes à feuilles étroites. Elle est utilisable à partir du 15 juin et jusqu'à l'automne. Le report sur pied de la ressource en automne est particulièrement intéressant en fin d'estive lorsque les autres ressources se font rares ; de plus, il permet un pâturage abrité en cas d'intempéries ou de neige précoce. Pour cela, il est préférable de ne pas pâturer le mélézin au printemps ni en été car l'ombre et l'exposition de ce parcours boisé ne permettent pas la repousse de l'herbe après le pâturage.

PÂTURAGE PAR LES OVINS

Le mélézin n'est pas très recherché comme pâturage pour les ovins ; il ne constitue jamais une base de pâturage, mais plutôt un abri en cas de mauvais temps, ou une ressource de complément à l'automne. La ressource disponible atteint 350 à 600 jbp/ha/an.

Conduite en parc
- Taille des parcs : 20 à 50 ha
- Chargement : 10 à 25 brebis/ha

Si l'on choisit la gestion en parc clôturé, celui-ci doit être de grande taille pour conserver un chargement instantané plutôt faible.

PÂTURAGE PAR LES BOVINS

Le pâturage du mélézin est bien valorisé par les bovins. Pour cette espèce, la ressource fourragère s'élève entre 50 et 80 journées de pâturage par hectare. La gestion est souvent pratiquée en parcs clôturés, avec des parcs de taille variable en fonction de l'effectif. Le séjour du troupeau ne doit pas dépasser deux semaines pour éviter des prélèvements excessifs.

SYLVICULTURE DES MÉLÉZINS PRENANT EN COMPTE UN OBJECTIF PASTORAL

La densité de la pelouse ou de la broussaille en sous-bois ainsi que le manque de lumière font obstacle au semis spontané du mélèze : sa régénération constitue donc le principal problème dans la conduite des peuplements. En outre, sa germination s'avère irrégulière selon les années climatiques. L'intervention technique des forestiers est donc indispensable.
La longévité du mélèze est très grande : 300-400 ans, avec des individus beaucoup plus vieux. L'âge d'exploitabilité est 120-220 ans, pour un diamètre de 45-60 cm. On a donc une grande amplitude d'intervention et il est possible de laisser vieillir certaines parcelles pour éviter d'exploiter trop de peuplements d'âge proche en même temps.
Le traitement de régénération préconisé est une coupe rase ou une coupe très claire d'ensemencement associée à un décapage au bull. L'élimination de la strate herbacée et racinaire favorise la germination du mélèze. Un traitement aussi radical porte atteinte à la pelouse et au sol et pose de gros problèmes paysagers. Classiquement, il est assorti d'une interdiction de pâturage pendant 20 ans, ce qui impose de protéger les parcelles en régénération.

La régénération peut se réaliser selon trois régimes d'exploitations :
• **régime de la futaie jardinée :** des trouées de petites superficies (10-20 ares) sont effectuées par coupe rase un peu partout dans le massif. L'intérêt paysager est certain, mais le coût de réalisation est élevé.
• **régime de la futaie régulière par parquet :** même principe que précédemment mais les trouées font 1 hectare de superficie, ce qui permet de réduire les coûts de protection. La coupe rase peut être remplacée par une coupe très claire d'ensemencement (100 tiges/ha). Cette solution intermédiaire est la plus recommandée aujourd'hui.
• **régime de la futaie régulière par parcelle entière :** les trouées font plusieurs hectares, ce qui simplifie la protection et en diminue les coûts. L'impact paysager est souvent critiqué.

Dans tous les cas, le maintien du pâturage nécessite la protection des parcelles en régénération. Si les parcelles de regénération sont petites (jusqu'à 1 hectare), leur délimitation doit alors tenir compte de la géomorphologie, du "biais du terrain" qui détermine la circulation des animaux. Cette étude doit être effectuée au cas par cas, et toujours, une discussion avec le berger évite bien des problèmes ultérieurs pour tout le monde. Pour des parcelles de grande taille, leur implantation doit respecter l'accès aux autres secteurs du pâturage. Attention aux clôtures de protection : mal implantées, elles peuvent faire office de "déflecteurs", et ainsi, d'une part empêcher le pâturage de secteurs situés au-delà, d'autre part provoquer un surpiétinement aux abords de la clôture.

INTÉRÊT ÉCOLOGIQUE DU MÉLÉZIN

La flore du sous-bois n'est pas spécifique au mélézin : c'est la quantité de lumière disponible qui permet le développement et la variété des espèces herbacées. On y trouve cependant des espèces remarquables comme le lis martagon, l'ancolie des Alpes, la grande astrance …

Pour la grande faune, le mélézin est un milieu très fréquenté par le chevreuil, le chamois et le cerf mais non un milieu spécifique : il forme un abri et offre une ressource fourragère, en particulier aux premières neiges et joue donc un peu le même rôle que pour les troupeaux en estive. La concurrence est cependant faible, le mélézin reste globalement sous-utilisé.

Le tétras-lyre est une espèce typique des milieux de transition : milieux embroussaillés, mélézins. Par contre, il est absent des forêts de sapin et d'épicéa. Dans le mélézin, le tétras-lyre préfère les faciès hygrophiles, les faciès enherbés et embroussaillés à myrtille et rhododendron, qui sont justement les moins attractifs pour les troupeaux domestiques.
Les femelles y trouvent à la fois des herbes hautes ou des buissons bas favorables à l'installation des nids, et une nourriture riche en insectes. Les pontes commencent fin mai et les éclosions se font pour l'essentiel en juillet pouvant se prolonger jusqu'au 20 août.

Lorsqu'elle est dérangée, la femelle abandonne le nid et il n'y a pas de ponte de substitution. Les causes de dérangement identifiées sur les lieux de reproduction sont d'une part les travaux forestiers qu'il faut éviter absolument entre fin mai et fin juillet, et d'autre part le passage de troupeaux importants jusqu'à fin juillet également. Le problème se pose surtout lors de la montée en estive, quand le troupeau peut avoir à traverser le mélézin même s'il n'y séjourne pas.

La bartavelle préfère, pour sa nidification, les mélézins très clairs sur éboulis, ou mieux la lande à genévrier nain . Le mélézin pastoral n'est pas son milieu de prédilection (☞ page 88). Elle le fréquente à l'automne en compagnie des ovins, afin de profiter des repousses très vertes.

MILIEUX PRÉALPINS

	PELOUSES A BROME n°6 page 99	GRANDES PELOUSES PREALPINES n°7 page 105	LANDE A APHYLLANTE n°8 page 111	LANDE A GENET CENDRE n°9 page 117	LANDE A BUIS n°10 page 121	CHENAIE PUBESCENTE SECHE n°11a p.127	CHENAIE PUBESCENTE FRAICHE n°11b p.133	BOISEMENTS A PIN SYLVETRE n°12 p.137	REBOI-SEMENT A PIN NOIR n°13 p.143
altitude	600 à 1800 m	700 à 1800 m	400 à 1400 m	600 à 1500 m	500 à 1600 m	400 à 1200 m	500 à 1200 m	500 à 1800 m	400 à 1700 m
topographie relief	anciens prés et cultures	plateaux et versants	variable	versants surtout en adret	plateaux, versants et crêtes	plateaux et versants	vallons et bas de versants	tout relief	tout relief
substrat sol	profond	moyen à superficiel ; présence de pierres	marno-calcaire	moyen à profond	calcaire dur	moyen à superficiel	moyen à profond	tout type de sol	calcaire ou marneux

recouvrement arboré	début possible d'enrésinement	début possible d'enrésinement	**10 à 30 %**	**rare**	**< 30 %**	**60 à 90 %**	**70 à 100 %**	**> 40 %**	**40 à 100 %**
chêne pubescent									
chêne vert									
érable à feuille d'obier									
merisier									
pin noir									
pin sylvestre									

recouvrement arbustif	**< 30 %**	**< 30 %**	**10 à 40 %**	**> 30 %**	**> 30 %**	**10 à 40 %**	**10 à 70 %**	*Recouvrement et composition variables selon l'age du boisement et le milieu d'origine*	
amélanchier									
aubépine									
buis									
chèvrefeuille									
cornouiller									
coronille (grande)									
cytise à feuilles sessile									
églantier									
genêt cendré									
genévrier commun									
noisetier									
prunellier									

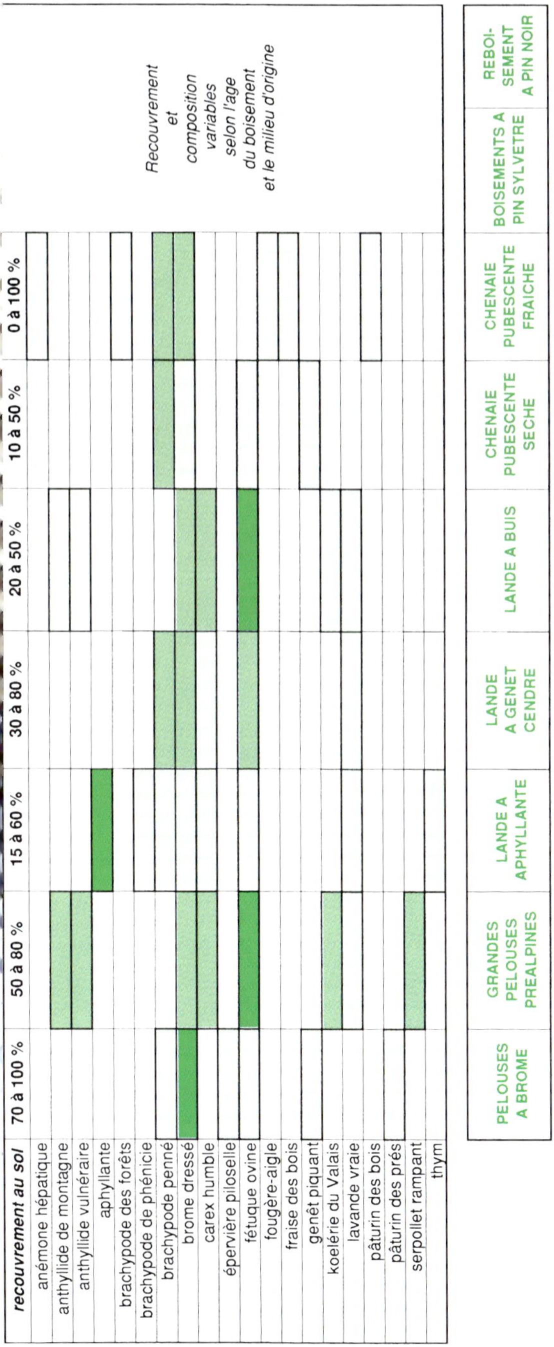
recouvrement au sol
70 à 100 %
50 à 80 %
15 à 60 %
30 à 80 %
20 à 50 %
10 à 50 %
0 à 100 %
anémone hépatique
anthyllide de montagne
anthyllide vulnéraire
aphyllante
brachypode des forêts
brachypode de phénicie
brachypode penné
brome dressé
carex humble
épervière piloselle
fétuque ovine
fougère-aigle
fraise des bois
genêt piquant
koelérie du Valais
lavande vraie
pâturin des bois
pâturin des prés
serpollet rampant
thym
Recouvrement et composition variables selon l'age du boisement et le milieu d'origine
PELOUSES A BROME
GRANDES PELOUSES PREALPINES
LANDE A APHYLLANTE
LANDE A GENET CENDRE
LANDE A BUIS
CHENAIE PUBESCENTE SECHE
CHENAIE PUBESCENTE FRAICHE
BOISEMENTS A PIN SYLVETRE
REBOI-SEMENT A PIN NOIR

LES PELOUSES À BROME
ou "VIEUX PRÉS"

Le brome dressé est une graminée caractéristique de la zone préalpine. Il est constitutif de plusieurs milieux caractéristiques, mais c'est dans les vieux prés, à partir de 600 mètres, qu'il est le plus dominant.
Principalement développés sur d'anciennes terres cultivées, ces vieux prés constituent une pelouse dense exclusivement herbacée, que l'on trouve généralement en petites unités atteignant rarement 5 hectares.

Le brome est une espèce très ubiquiste, présente depuis certains vallons des massifs littoraux jusque dans des prairies de fauche de la zone subalpine, à l'adret jusqu'à 1600-1800 mètres. Il a d'autant plus besoin de fraîcheur qu'il est méridional, et au contraire, de chaleur lorsqu'il est en altitude. Entre les deux, la zone préalpine constitue son domaine de prédilection.

La pelouse à brome appartient au groupement végétal ***"Méso-bromion"*** des phyto-sociologues. Elle a des variantes plus ou moins riches (du moins au niveau pastoral) selon que des légumineuses y prennent une place importante, ou au contraire, que les chardons et les plantes en rosette s'y installent.

En l'absence de pâturage, les vieux prés sont l'objet d'un embroussaillement rapide. Celui-ci démarre le plus souvent avec de l'églantier et d'autres épineux (prunellier, ronce, aubépine…), mais aussi le genêt cendré, le genévrier, ou le pin sylvestre. A terme, il y a reforestation avec encore le pin sylvestre, parfois le chêne pubescent.

PELOUSES À BROME, OU "VIEUX PRÉS"

UNE PELOUSE À BROME DENSE, EXCLUSIVEMENT HERBACÉE.

Localisation : toute zone préalpine de 600 à 1800 mètres ; étages supra-méditerranéen et montagnard

Topographie : vallons, terrasses, plateaux, replats, bas de versants, terres anciennement cultivées, "vieux prés" ; pentes faibles à nulles, toutes expositions (600 à 1500 à l'ubac et 1000 à 1800 à l'adret)

Substrat : calcaire.

Sol : moyens à profonds ; absence de cailloutis de surface, mais décalcification de surface.

Arbres et arbustes : embroussaillement possible par le genêt piquant *(Genista hispanica)*, l'églantier *(Rosa canina)*, le genévrier commun *(Juniperus communis)* et début d'enrésinement par le pin sylvestre *(Pinus sylvestris)*.

Au sol : strate herbacée, avec un recouvrement de 70 à 100% où le brome est toujours très dominant. On observe plusieurs variantes selon la place prise par d'autres espèces que le brome :

• ***La pelouse "en équilibre"***, encore appelée ***"vieux prés"*** parce que régulièrement pâturée sans fertilisation, est dominée par le seul **brome** *(Bromus erectus)* de façon presque mono-spécifique.
• ***La pelouse "surpâturée"*** quand le surpiétinement des animaux consécutif à une trop grande fréquentation provoque le développement de chardons et de plantes en rosette comme la piloselle *(Hieracium pilosella)*.
• ***La pelouse "fraîche"*** en vallons, clairières, sur sols riches… le brome est alors accompagné de paturin *(Poa pratensis)* et de légumineuses : gesses *(Lathyrus sp.)* , vesces *(Vicia sp.)*, trèfles *(Trifolium sp.)*.
• ***La pelouse "d'altitude"***, au dessus de 1500 m. en préalpes, souvent gagnée par le brachypode penné *(Brachypodium pinnatum)*.
• ***Les "prés de fauche"***, à l'adret en montagne, dits "à foin court". Le brome y est souvent accompagné de sainfoin et d'une grande diversité d'espèces herbacées.

L'étage préalpin est son domaine de prédilection, mais on peut rencontrer le brome en abondance dans d'autres milieux plus ou moins voisins :
• LES GRANDES PELOUSES PRÉALPINES (☞ page 105) se rencontre surtout dans des situations de plateaux ou de crête ; le brome y est co-dominant avec la fétuque ovine, mais peut y être beaucoup moins abondant dans certaines conditions.
• LA LANDE À GENÊT CENDRÉ (☞ page 117) où le brome est abondant surtout sur des versants en terrasses à l'adret, et sur des friches à sols moyens à profonds.
• LES PELOUSES D'ADRETS (☞ page 85).

Parmi les autres milieux où l'on peut rencontrer le brome, citons encore la LANDE À APHYLLANTE (☞ page 111), et les formations boisées claires des Préalpes.

RESSOURCE ET UTILISATION PASTORALES DE LA PELOUSE À BROME

Souvent issues d'anciennes terres cultivées, les pelouses à brome se présentent généralement en parcelles réduites, dispersées en mosaïque au sein d'autres formations végétales, mais aussi fréquemment regroupées autour de l'exploitation ("vieux prés"). Cela facilite et justifie à la fois la conduite du pâturage comme une prairie.

LES COMPOSANTES DE LA RESSOURCE PASTORALE :

La pelouse à brome est un excellent pâturage, dont la ressource pastorale varie du simple au double, selon que le brome y domine seul, ou bien qu'il partage cette situation avec des légumineuses ou au contraire avec des espèces plus médiocres.

La production de la pelouse à brome est pour l'essentiel celle du brome lui-même. Dans les "vieux prés", cette production est relativement stable car elle est limitée par le niveau nutritionnel du sol : carence en phosphore, chronique en sol calcaire, mais aussi en potassium et en azote. Ce sont surtout les variations climatiques qui jouent sur cette production, en provoquant des écarts de 30 % maximum entre une bonne et une mauvaise année.

Les pelouses "fraîches", au contraire, sont beaucoup plus sensibles aux conditions climatiques. Les légumineuses, qui y représentent jusqu'à 40 % de la phytomasse totale, peuvent avoir un développement extrêmement favorisé par un automne précédent doux et/ou un printemps pluvieux, qui de plus entretiendra une pousse végétative verte plus tard dans l'été. De plus, une bonne année de pousse des légumineuses fournira un apport azoté naturel favorable pour l'année suivante.

Les prés de fauche à l'adret en montagne sont très séchants ; ils doivent être pâturés au printemps (juin à début juillet), puis en automne pour la repousse. Le report sur pied de la pousse de printemps sur l'été ou l'automne n'est pas possible.

Production annuelle selon le type de pelouse :

	printemps	automne
pelouse fraîche	2200 kg MS/ha	600 kg MS/ha
vieux prés	1500 kg MS/ha	300 kg MS/ha

Ce pâturage convient à tous les animaux, chevaux, bovins, caprins, et surtout les ovins pour lesquels il peut satisfaire tous les états physiologiques du troupeau : entretien, gestation, lactation, croissance et engraissement.

PÂTURAGE PAR LES OVINS

Le pâturage des vieux prés se gère comme celui d'une prairie, d'autant plus qu'ils se présentent souvent en petites unités : plusieurs passages courts et intensifs au printemps, et retour à l'automne.

Ressource disponible selon le type de pelouse :

pelouse fraîche : 1500 à 2000 jbp/ha/an
vieux près : 1200 à 1500 jbp/ha/an

4 à 5 passages par an au total, répartis entre le printemps et l'automne, avec des passages assez courts pour permettre à l'herbe de récupérer, à gérer de la façon suivante :

• **au printemps, 2 à 4 passages :** le premier est à faire au printemps précoce, avant épiaison ; le dernier doit réaliser le pâturage complet du disponible.
• **à l'automne, 1 à 2 passages** à partir d'octobre.

CONDUITE DES OVINS EN PARCS

• Petits parcs, 1 à 3 ha (ou au filet)
• Chargement instantané fort : 50 à 150 brebis/ha

Lors d'une éventuelle remise en pâturage d'une ***"pelouse embroussaillée"***, on estime qu'elle **peut offrir 800 à 1200 jbp/ha/an.**

AUTRES INTERVENTIONS PASTORALES

La pelouse à brome réagit particulièrement bien à la fertilisation !

Un pâturage régulier sans fertilisation stabilise les vieux prés à un stade de pelouse *"en équilibre"* presque monospécifique à brome. Par contre, la fertilisation peut sensiblement en augmenter la ressource pastorale.

En particulier, la fertilisation azotée améliore la production des graminées, en particulier celles de meilleure qualité fourragère comme le pâturin des prés : un apport de 60 kg d'ammonitrate au printemps a permis une hausse de production de 60 % lors d'une expérimentation.
De même, la fertilisation phospho-potassique peut favoriser l'apparition de légumineuses, et en tout cas en améliorer sensiblement la production quand elles sont présentes.

Par contre, l'abandon du pâturage, tout comme le surpâturage et le surpiétinement dûs à des passages trop fréquents, diminuent sensiblement la ressource pastorale des vieux prés.

LA REMISE EN ÉTAT DES "VIEUX PRÉS" EMBROUSSAILLÉS

La remise en état des vieux prés embroussaillés dépend des espèces de broussailles présentes :

• **POUR LE GENÉVRIER ET LE PIN SYLVESTRE,** un débroussaillement classique suffit s'il est suivi d'une gestion pastorale stricte.

• **LES ÉPINEUX** sont plus difficiles à contrôler (prunellier, aubépine, églantier, ronce) : un débroussaillement complémentaire d'entretien restera nécessaire après quelques années, même avec une gestion pastorale rigoureuse. Par contre, lorsque l'églantier ou l'aubépine ont un port montant, il peut être préférable de ne pas débroussailler et de faire pâturer la pelouse en dessous en l'état.

AUTRES INTÉRÊTS ET USAGES

DFCI : les risques d'incendie sont moyens à faibles ; des parcelles peuvent être incluses dans une coupure stratégique.

Intérêt environnemental : s'agissant surtout de parcelles anciennement cultivées, les pelouses à brome représentent un milieu répandu, bien que constitué en petites unités. Leur intérêt écologique réside surtout dans ces espaces bien en herbe et ouverts, qui méritent d'être maintenus.

Mais c'est d'abord leur **intérêt paysager** qui mérite l'attention : autour des villages et hameaux, autour d'anciennes fermes dans les vallons..., ces vieux prés sont le témoignage des systèmes agraires traditionnels préalpins, avec leurs banquettes et leurs murets, leurs haies, leurs arbres isolés...

LES GRANDES PELOUSES PRÉALPINES *"À FÉTUQUE ET À BROME"*

Ce sont des pelouses sèches, couvrant de vastes espaces, où les touffes d'herbes voisinent avec les cailloux et quelques buissons disséminés. Elles font partie des meilleurs parcours de la zone préalpine.

Déboisées au cours des siècles et façonnées par le pâturage, ces pelouses sont soumises à un climat rude, sec en été, froid en hiver et balayées par les vents, qui leur donne l'aspect d'une steppe de montagne.
La fétuque ovine, le brome dressé et le carex humble, dominent ces pelouses peu élevées, au recouvrement toujours irrégulier. Elles appartiennent au *"Xero-Bromion"* des phytosociologues.

Si le pâturage se fait trop extensif, le buis gagne progressivement du terrain, parfois accompagné de genêt cendré. Le pin sylvestre peut aussi faire son apparition, d'abord très progressivement, avec l'implantation de quelques arbres souvent rabougris, ensuite massivement, lorsque ces arbres sont devenus semenciers. C'est ainsi que les montagnes des préalpes ont perdu plus de la moitié de leur surface de pelouse en 50 ans, et ce processus tend à s'accélérer inexorablement.

GRANDES PELOUSES PRÉALPINES À FÉTUQUE ET À BROME

DES PELOUSES À L'ALLURE STEPPIQUE

Localisation : du haut de l'étage supra-méditerranéen à l'étage montagnard : de 700 à 1500 mètres et jusqu'à 1600-1800 m sur les adrets de certaines vallées de haute-montagne (Ubaye, Tinée, Queyras ...).

Topographie : Milieux ouverts au vent, plateaux, sommets, grands versants.

Substrat : calcaire.

Sol : moyen à superficiel.

Arbres : ces pelouses sont souvent colonisées par le pin sylvestre. Quand celui-ci dépasse 30 % de recouvrement, on passe dans le BOISEMENT À PIN SYLVESTRE (☞ page 137).

Arbustes : recouvrement toujours inférieur à 30 %. L'embroussaillement survient le plus fréquemment avec le buis *(Buxus sempervirens)*, parfois en mélange avec le genêt cendré *(Genista cinerea)*. Quand le recouvrement dépasse 30%, on se rapproche de la LANDE À BUIS (☞ page 121). Présence possible du genévrier commun *(Juniperus communis)*.

Au sol : la pierre est toujours présente, soit sous forme de roche affleurante (terrain karstique), soit sous forme d'éclats calcaires. La pelouse rase a un recouvrement de 50 à 80 %. Elle est dominée par des graminées : brome dressé *(Bromus erectus)*, fétuque ovine *(Festuca ovina)*, koelérie du Valais *(Koeleria valesiaca)*, accompagnées par le carex humble *(Carex humilis)* et quelques légumineuses en particulier des anthyllides *(Anthyllis vulneraria, A. montana)*, le serpollet rampant *(Thymus angustifolius)*. La lavande vraie *(Lavandula vera)* est souvent présente, et en adret jusqu'à 1 000 m, le thym *(Thymus vulgaris)*.

Dans certaines conditions topographiques, la fétuque ovine devient très dominante, tandis que le brome se fait rare sinon absent. C'est ainsi que l'on a repéré diverses variantes, caractéristiques de situations très localisées, et pouvant présenter un grand intérêt écologique :

- *"LES PELOUSES DE SERRE"*, bien connues des éleveurs du Büech et du Sisteronnais ;
- *"LES PELOUSES DE CRÊTE"* sur les sommets des montagnes préalpines (☞ page108) ;
- *"LES PELOUSES STEPPIQUES - ALLUVIALES"* sur les galets de la Haute-Durance et du Büech (☞ page109).

VALEUR ET UTILISATION PASTORALES DES PELOUSES À FÉTUQUE ET À BROME

LES COMPOSANTES DE LA RESSOURCE PASTORALE

Les pelouses rases préalpines fournissent une ressource exclusivement herbacée, de très bonne qualité au printemps et en automne.
La croissance de l'herbe est tardive et assez lente. Sa qualité se maintient bien jusqu'en fin de printemps permettant un pâturage de fin mai à début juillet. Certaines années aux conditions climatiques favorables, on observe localement une explosion de légumineuses (en particulier l'anthyllide vulnéraire) qui multiplie la ressource par deux.

PÂTURAGE PAR DES OVINS EXCLUSIVEMENT

Ce parcours peut satisfaire tous les états physiologiques des animaux : entretien, gestation, lactation, croissance et engraissement. Le pâturage se fait en fin de printemps. Progressivement, l'herbe va se dessécher et empêcher toute utilisation en plein été en dessous de 1 200 mètres. La repousse d'automne est de très bonne qualité, elle est cependant très variable en quantité selon les pluies de fin d'été. Un nouveau passage est possible en octobre-novembre, mais déconseillé en l'absence de pluies.
Au dessus de 1 200 mètres, l'utilisation en estive est possible, mais ce n'est pas la gestion idéale et les problèmes d'abreuvement en limitent fortement l'usage.

Production annuelle • 700 à 1 200 kg de matière sèche / ha au printemps
• 150 à 300 kg de matière sèche / ha à l'automne

Ressource disponible selon la conduite du pâturage :
• **soit en deux passages :** un en fin de printemps avec 400 à 600 jbp/ha, suivi d'un autre passage à l'automne avec 100 à 300 jbp/ha ;
• **soit un seul passage en été** avec 300 à 500 jbp/ha/an si l'altitude le permet.

En gardiennage, une conduite serrée permet de racler ces pelouses, valorisant bien la ressource avec des niveaux de prélèvement proches de la conduite en parcs.

CONDUITE EN PARCS

• Taille des parcs : 10 à 25 ha
• Chargement : 20 à 50 brebis/ha

AUTRES INTERVENTIONS PASTORALES

Des essais ont montré que ces pelouses répondent assez peu à la fertilisation et au semis : le gain fourrager est faible par rapport au coût engendré. Les améliorations pastorales ne sont donc pas nécessaires, la pelouse naturelle étant de bonne qualité et bien adaptée aux conditions du milieu.
La mise en culture est déconseillée, bien que tentante lorsque le terrain est mécanisable. On remplacerait une pelouse spontanée stable, de bonne qualité, bien adaptée à une saison précise — le printemps, par une production fourragère rendue aléatoire par les faibles réserves en eau du sol et qui, plus précoce, rentrerait en concurrence avec d'autres surfaces qui, elles, sont réservées au pâturage.

RICHESSES ÉCOLOGIQUES

Adaptées aux grandes étendues, ces pelouses sont en voie de régression rapide, ce qui renforce l'intérêt d'en sauvegarder les richesses écologiques qui sont considérables.

• **L'association à genêt de Villars *(Genista pulchella)* ou genêt de Lobel *(Genista lobelii)* occupe les PELOUSES DE CRÊTE :** elle est strictement localisée sur les sommets de montagnes calcaires entre 600 et 1500 mètres d'altitude, jusque sur la Sainte Victoire et la Sainte Baume. Ces pelouses renferment plusieurs espèces floristiques et faunistiques intéressantes et bien adaptées à des conditions climatiques extrêmes ; pourtant, elles peuvent être localement menacées par une mauvaise gestion pastorale, lorsque des troupeaux peu gardés montent sur les crêtes au début du printemps et y exercent une pression très forte et trop précoce.

• **La vipère d'Orsini** est un serpent de petite taille et très peu agressif ; c'est l'un des reptiles les plus rares de la faune française ...et c'est sur les PELOUSES DE CRÊTE qu'on la rencontre principalement. Les cas de morsures sur l'homme et sur les animaux domestiques, chiens et moutons, sont donc extrêmement rares, et de toute façon moins graves que ceux de la vipère aspic ; il est même possible que des morsures sur les bêtes d'un troupeau passent inaperçues.

La vipère d'Orsini est une espèce protégée ; cette protection passe avant tout par la sauvegarde de son habitat, c'est-à-dire des parcours de la zone préalpine. Dans les cas de fermeture du milieu végétal sur les pelouses de crête, la vipère d'Orsini peut disparaître définitivement.

Des opérations d'ouverture du milieu, brûlages dirigés et débroussaillements mécaniques, sont parfois proposées pour restaurer ces parcours. Bien qu'apparemment favorables au maintien de l'habitat de la vipère d'Orsini et donc à sa survie, ces opérations comportent actuellement encore trop d'inconnues pour que l'on puisse se prononcer favorablement à leur sujet. Lorsqu'un éleveur a un contrat de pâturage sur une zone à vipères d'Orsini, il y a engagement de sa part à ne pas les tuer...
Alors, bergers et promeneurs, attention ! Laissez en paix ces petites vipères que vous pouvez rencontrer sur les montagnes des Préalpes.

• LES PELOUSES STEPPIQUES - ALLUVIALES **"à fétuque ovine"** représentent **un éco-système très original,** actuellement en voie de disparition à cause de leur enrésinement et de l'exploitation des gravières ; il en reste aujourd'hui moins de 2000 hectares. Elles occupent des terrasses d'alluvions et de galets de la Haute-Durance, du Büech et sont enrichies d'éléments méditerranéens à la faveur de la physionomie steppique. On y rencontre en particulier l'**Oedicnème criard**, un oiseau qui niche au sol, et qu'ailleurs on retrouve principalement sur les coussous de Crau (☞ page 155).

• De remarquables habitats d'orchidées méditerranéo-montagnardes se rencontrent localement sur les grandes pelouses préalpines : ils sont inscrits à la directive européenne *"Habitats"* des écosystèmes à protéger en priorité.

Orchis militaire *(O. militaris)*

Orchis mâle *(O. mascula)*

Orchis brûlé *(O. ustulata)*

Dans ces milieux pâturés depuis des siècles, on trouve fréquemment des vestiges d'anciennes bergeries…

LA LANDE À APHYLLANTE

L'aphyllante est une plante sans feuilles à fleur bleue, de la famille des liliacées **;** c'est le *"bregavoun"* des provençaux. La lande à aphyllante doit doublement son nom à cette plante : **elle y est présente de façon importante**, et **elle en constitue la principale ressource pastorale.** Mais attention : l'aphyllante est une plante courante, et sa présence ne suffit pas à déterminer que l'on se trouve dans ce milieu !

La lande à aphyllante correspond à l'***"Aphyllantion"*** des groupements végétaux des phytosociologues. C'est un milieu dégradé, résultat d'une longue et ancienne exploitation agro-sylvo-pastorale : écobuage voire mise en culture sur les parties les plus favorables, coupes de buissons pour le compost et de bois pour le feu, pâturage... Abandonnés depuis plusieurs décennies ou seulement pâturés de façon extensive, le sol et la végétation de ce milieu sont en voie de cicatrisation lente.

En l'absence de pâturage, les landes à aphyllante sont l'objet d'un embroussaillement progressif et d'un lent retour à la forêt (chêne pubescent, pin sylvestre) : au bout de 20 ans c'est encore pâturable en l'état. Un pâturage hivernal relativement extensif n'empêche pas cet embroussaillement. Par contre, le pâturage intensif (parcs en fin de printemps) provoque une régression rapide des ligneux (en 3 à 5 ans), mais fréquemment aussi de l'aphyllante au profit du brome. Le milieu se stabilise alors avec un niveau assez bas de ressource pastorale. Aussi le maintien en équilibre à la fois du milieu et de sa valeur pastorale est-il le résultat d'une combinaison raisonnée sur plusieurs années de pâturages d'hiver et de fin de printemps.

LANDE À APHYLLANTE

UNE LANDE EMBROUSSAILLÉE, OU UN TAILLIS CLAIR ET RABOUGRI DE CHÊNE PUBESCENT

Localisation : toute zone préalpine de 400 à 1400 mètres.

Topographie : versants à pente variable à l'adret, jusqu'aux expositions Est et Ouest ; plateaux.

Substrat : marne, marno-calcaire, poudingue et tous autres substrats meubles. La pelouse à aphyllante est absente sur calcaire dur.

Sol : compact, très desséchant, argile, cailloutis de surface importante, éléments meubles superficiels.

Arbres : boisement **clair** (10 à 30%) de **chêne pubescent** *(Quercus pubescens)*, de petite taille et tortueux, et/ou de pin sylvestre *(Pinus sylvestris)*.

Arbustes : strate arbustive dominée par le **genêt cendré** *(Genista cinerea)* et l'**amélanchier** *(Amelanchier ovalis)*, accompagnés par de nombreuses espèces de la chênaie pubescente ouverte à la lumière : aubépine *(Crataegus monogyna)*, perussier *(Pirus amygdaliformis)*, osyris *(Osyris alba)*, sumac *(Cotinus coggygria)*. Recouvrement de 10 à 40%.

Au sol : strate herbacée à recouvrement faible à moyen (15 à 60%) dominée par l'**aphyllante** *(Aphyllantes monspelliensis)* ; elle y est accompagnée par un carex *(Carex humilis)*, le brome *(Bromus erectus)*, deux brachypodes ou "baouque", celui de Phénicie *(Brachypodium phoenicoides)* jusqu'à 700 mètres., et le penné *(B. pinnatum)* au dessus de 500 m.

L'aphyllante est une espèce très ubiquiste, abondante aussi bien dans la zone méditerranéenne que dans la zone préalpine. Aussi peut-on la rencontrer en abondance dans d'autres milieux plus ou moins voisins :

• **LES PELOUSES À BROME** (☞ page 99) correspondent à un sol plus profond ; l'aphyllante peut y être co-dominante en l'absence de pâturage, mais elle régresse si celui-ci se développe.

• **LA GARRIGUE À ROMARIN** (☞ page 173) se situe sous un climat plus chaud, dans la zone méditerranéenne ; l'aphyllante caractérise là un milieu de mêmes conditions pédologiques, y compris en ubac, où il accompagne le romarin et le pin d'Alep.

• **La variante "À BAOUQUE" de la LANDE À APHYLLANTE** se trouve à la fois sous un climat plus chaud et en sol plus profond (sud des Préalpes) : le brachypode de Phénicie y est aussi abondant que l'aphyllante. Il s'agit d'un milieu de transition avec LA FRICHE À BRACHYPODE DE PHÉNICIE (☞ page 161).

RESSOURCE ET UTILISATION PASTORALES DE LA LANDE À APHYLLANTE

LES COMPOSANTES DE LA RESSOURCE PASTORALE

La lande à aphyllante présente une certaine diversité de ressources consommables : outre l'aphyllante, les carex, graminées et légumineuses en constituent le fonds pastoral herbacé, tandis que le genêt cendré, l'amélanchier, le chêne et divers arbustes fournissent une ressource arbustive non négligeable. Ce type de milieu couvre de grandes surfaces et sa ressource pastorale doit être gérée en grandes unités.

8

L'aphyllante se caractérise par des réserves souterraines abondantes grâce à son rhizome, et des organes assimilateurs simplifiés : en l'absence de feuilles, ce sont les tiges vertes (appelées "cladodes") qui réalisent la photosynthèse. Son cycle de reproduction est particulier : au printemps, il mobilise d'importantes réserves stockées dans les rhizomes. Ensuite, l'assimilation chlorophyllienne effectuée par les tiges sert à reconstituer ces réserves tout au long de l'été et de l'automne. Le pâturage de printemps (avril-mai) compromet sa capacité à grainer et à renouveler ses réserves ; au lieu de se développer en grosses touffes de tiges dressées, l'aphyllante acquiert un port ras et rampant à partir de bourgeons situés sur le rhizome. En fin de printemps - début d'été (juin-juillet), le pâturage compromet encore la reconstitution de ses réserves souterraines. Mais c'est en automne ou en hiver, que l'on peut la pâturer : elle aura eu le temps de reconstituer ses réserves et pourra donc émettre de nouvelles touffes au printemps suivant.

Les carex, graminées et légumineuses ont leur développement maximum en plein printemps, de mai à mi-juin. Leur démarrage est fréquemment retardé par des froids tardifs en avril, tandis que les pluies printanières favorisent leur développement. La repousse d'automne est également très intéressante, d'autant plus qu'à cette période les plantes sont moins fragiles au passage des animaux.

Les arbustes sont très divers, mais consommables et même appétents pour la plupart : c'est l'un des grands intérêts de ce milieu, car les animaux s'y reportent volontiers dès la mi-juin, quand les plantes au sol sont épuisées. La qualité de la ressource qu'ils constituent dépend peu des dates ni des variations climatiques. La production de glands est faible et irrégulière.

CALENDRIER D'EXPLOITATION

D'une façon générale, c'est en automne - hiver que la lande à aphyllante offre le meilleur équilibre entre la valeur de sa ressource pastorale et sa non-dégradation par le pâturage.

• **En début de printemps (mars-avril)**, l'utilisation est **interdite** sous peine de faire régresser l'aphyllante.

• **En plein printemps (mai à mi-juin)**, la gestion doit être encore prudente, du moins par rapport à l'aphyllante. De plus, une conduite intensive du pâturage (parcs) entraîne un épuisement progressif de la ressource arbustive, partiellement remplacée par le développement herbacé.

• **Du 15 juin au 15 juillet,** l'aphyllante et le carex restent très appétents, et on profite au maximum de la ressource arbustive (notamment si l'on a des objectifs de débroussaillement par le pâturage).

• **En plein été**, le milieu est très séchant, il y a peu d'ombre, et l'utilisation est déconseillée.

• **En automne**, si l'on n'a pas fait pâturer au printemps, on dispose du fonds pastoral herbacé, et la ressource arbustive est encore très utilisable jusqu'au 15 octobre. Malgré une moindre valeur pastorale, ce report de pâturage garantit la pérennité de la ressource herbacée.

• **En hiver**, l'aphyllante reste encore appétente jusqu'en fin février.

PÂTURAGE PAR LES OVINS

La lande à aphyllante convient bien à des animaux à l'entretien, mais il ne faut pratiquer qu'un seul passage par an : ou bien à l'automne, ou bien en fin de printemps.

Sa gestion doit être prudente pour en assurer la pérennité, en particulier au printemps. La conduite en gardiennage se pratique de façon traditionnelle, mais au printemps, on peut préférer la gestion en parcs.

Ressource disponible :

• 100 à 250 jbp/ha en mai et juin, ou bien

• 50 à 100 jbp/ha d'octobre à février.

CONDUITE DES OVINS EN PARCS EN FIN DE PRINTEMPS :

• Taille des parcs : 10 à 25 ha
• Chargement : 10 à 30 brebis/ha
• Durée conseillée : 2 à 3 semaines par parc
• Indicateurs de sortie de parc : hauteur moyenne de l'aphyllante de 3 à 5 cm, quand les animaux reportent leur consommation sur les chênes.
• 1 seul passage par an

8

PÂTURAGE PAR LES CAPRINS

En automne-hiver, quand les chèvres ne sont plus en lactation, la lande à aphyllante est un recours intéressant grâce à sa ressource arbustive.

Mais sa gestion doit rester prudente : de préférence en gardiennage sur des surfaces importantes pour éviter une consommation trop intensive.

PÂTURAGE PAR LES BOVINS, LES CHEVAUX ET LES ÂNES

C'est uniquement dans sa “variante à baouque” (riche en brachypode de Phénicie dans la frange sud préalpine) que la lande à aphyllante devient un milieu intéressant pour les bovins en transhumance hivernale.

La "baouque" est très bien consommée en report sur pied à l'automne ou en hiver. Toutefois, mieux vaut éviter des séjours trop prolongés des animaux dans un même parc surtout lorsque le sol est mouillé (période de pluie ou de neige), et arrêter le pâturage en fin d'hiver (1er mars).
A pratiquer en grands parcs de 50 à 100 hectares.

AUTRES INTERVENTIONS PASTORALES

En raison de son substrat argileux ou marneux, la lande à aphyllante court de gros risques d'érosion : il faut donc limiter les interventions au strict nécessaire.

Le débroussaillement mécanique est inutile sur un tel milieu : il suffit d'assurer un pâturage plus intensif en printemps - début d'été pour ouvrir le milieu. De toute façon, on diminue la ressource pastorale, et les seules raisons de le faire sont d'ordre paysager, ou bien la prévention des incendies (DFCI).
Les améliorations pastorales sont à réserver aux bas de versants et aux replats : **les sursemis de sainfoin** y réussissent bien. L'importance de la production dépendra de l'abondance et de la fréquence de la pluviosité. D'une façon générale, toutes les interventions lourdes, et notamment les ouvertures de pistes, doivent être réalisées avec prudence.

LA LANDE À GENÊT CENDRÉ

Le genêt cendré est une légumineuse arbustive ; ses branches souples et peu feuillues laissent pénétrer la lumière, favorisant ainsi le maintien d'une strate herbacée. Espèce thermophile et héliophile, le genêt cendré a besoin de chaleur et de lumière. Il s'étend sur d'anciens parcours et friches à la faveur d'un pâturage très extensif.

La lande à genêt cendré typique, très répandue dans toute la zone préalpine, s'installe sur sol moyen à profond, en particulier sur les anciennes cultures d'adret en terrasse. Dans ces conditions, elle forme une lande haute et dense où l'églantier est souvent présent.

Traditionnellement, les éleveurs ovins utilisent ces parcours de façon extensive en demi-saison, voire en hiver lorsque les adrets sont déneigés. Le genêt cendré étant très peu consommé dans ces conditions, la lande devient de plus en plus impénétrable. Les éleveurs ont donc souvent recours à la pratique répétée du brûlage hivernal, plus dans le but de faciliter l'exploration par le troupeau que pour améliorer la ressource.

Avec une gestion en parc et un chargement suffisant qui contraignent les brebis à le consommer, on peut faire régresser le genêt cendré : il dépérit alors en quelques années.

9

LANDE À GENÊT CENDRÉ

UNE LANDE D'ADRET HAUTE ET DENSE SUR D'ANCIENNES FRICHES ET TERRASSES

Localisation : toute zone préalpine : étages supra-méditerranéen et surtout montagnard, de 600 à 1 500 mètres d'altitude.

Topographie : surtout en adret, sur versants, friches, terrasses.

Substrat : tous substrats calcaires.

Sols : moyen à profond.

Arbres : absents ou très épars.

Arbustes : le genêt cendré *(Genista cinerea)* est toujours dominant ; il est fréquemment accompagné d'épineux, surtout l'églantier *(Rosa canina)* ; présence possible de genévrier commun *(Juniperus communis)* et de buis *(Buxus sempervirens).* Recouvrement supérieur à 30%.

Au sol : avec ses feuilles rares, le genêt cendré laisse passer la lumière qui va assez bien maintenir une strate herbacée (recouvrement de 30 à 80%) : brome *(Bromus erectus)*, brachypode penné *(Brachypodium pinnatum)*, fétuque ovine *(Fetusca ovina)*, carex *(Carex humilis).*

En s'installant dans des conditions de substrats très diverses, le genêt cendré participe également à d'autres landes :

• Avec l'amélanchier et l'aphyllante, le genêt cendré fait partie d'une strate arbustive variée, sur marne, argile ou poudingue (☞ LANDE À APHYLLANTE, page 111).

• En compagnie du buis, le genêt cendré se retrouve sur calcaire dur affleurant (☞ LANDE À BUIS, page 121).

• Sur des éboulis d'éclats calcaires, le genêt cendré est accompagné par la sarriette et la lavande officinale ; l'intérêt pastoral y est très limité.

RESSOURCE ET UTILISATION PASTORALE EN L'ÉTAT DE LA LANDE À GENÊT CENDRÉ

La lande à genêt cendré constitue des parcours de proximité, facilement mobilisables par les éleveurs. Située en adret, la lande à genêt cendré est un milieu chaud, précoce où la neige ne tient pas longtemps, d'où son intérêt l'hiver pendant les périodes sèches et déneigées, et au début du printemps dès que le sol est bien ressuyé.

Si les caprins consomment bien le genêt cendré, c'est la composante herbacée de la ressource qui intéresse le plus les ovins.

PÂTURAGE PAR DES OVINS

Gardiennage traditionnel : 75 à 150 jbp/ha/an. Cette conduite n'a aucun effet sur la dynamique du genêt cendré. Lorsque dans ces conditions, on observe un impact fort sur le genêt cendré, il dénonce incontestablement un surpâturage. Les drailles deviennent alors très marquées et le sol se dégrade. C'est le cas en particulier sur des versants surfréquentés pendant une grande partie de l'année, par exemple, sur le trajet quotidien à partir de la bergerie. C'est le départ de phénomènes érosifs.

Gestion en parcs : 250 à 500 jbp/ha/an. La prolongation du pâturage contraint progressivement les animaux à se reporter sur le genêt cendré, qui est alors consommé dans des proportions croissantes. Il ne résiste pas à un tel traitement, et dépérit en 3 à 5 ans.

Une telle gestion en parc, visant à une consommation forte du genêt cendré, doit

CONDUITE DES OVINS EN PARCS

- Taille des parcs : 5 à 20 ha
- Chargement : 20 à 50 brebis/ha
- 1 passage annuel de 1 à 3 semaines.

être réservée à des animaux à l'entretien. Si la lande est trop dense, difficilement pénétrable, un débroussaillement préalable est nécessaire. Les repousses seront plus faciles à contrôler. La végétation est au repos le reste de l'année pour éviter tout problème de surpâturage ou d'érosion.

ÉCOBUAGE

L'écobuage est fréquemment pratiqué par les éleveurs préalpins lorsque la lande devient difficilement pénétrable. L'impact du feu sur le milieu reste limité avec un seul brûlage. Par contre, **des brûlages répétés tous les 5-10 ans ont un impact clairement négatif** et sont donc fortement déconseillés.

Impact du feu sur la strate herbacée
Difficile à apprécier, mais il est bien réel : le feu brûle les stocks de graines des espèces annuelles ou bisannuelles, ce qui défavorise les légumineuses. Et surtout, la répétition des feux favorise les graminées à souche (brachypode penné, avoine de parlatore).

Impact du feu sur les arbustes
Le passage inégal du feu laisse souvent subsister des buissons et des charpentes arbustives qui constituent une gêne pour le pâturage. En l'absence de pâturage contrôlé en parc, le genêt cendré repousse vigoureusement.

Impact sur les arbres
Les jeunes arbres aux branches basses et à l'écorce mince ne résistent pas au passage du feu… C'est sans doute l'une des explications à l'absence de colonisation de la lande à genêt cendré par les chênes et les pins sylvestres.

LA LANDE À BUIS

Le buis est un arbuste au feuillage dense et persistant. Espèce xérophile et héliophile, il a besoin de lumière pour s'implanter ainsi que d'un sol peu profond sur un substrat rocheux calcaire. Le buis est totalement refusé par les animaux. **C'est principalement la strate herbacée développée entre les buissons qui constitue son intérêt pastoral.**

La lande à buis est installée sur les crêtes, les coteaux et les plateaux à affleurement rocheux. Elle s'étend avec des pratiques de pâturage trop extensives. Etant donné l'aridité du milieu, sa progression est cependant lente, et le buis forme le plus souvent une lande basse, claire et régulière qui reste pénétrable.

Sur les plateaux ventés, une strate herbacée rase et de qualité se maintient entre les buissons. Par contre les pentes raides et les coteaux trop pierreux n'ont qu'un très faible intérêt pastoral car l'herbe y est rare.

Sa souche épaisse permet au buis d'émettre des rejets vigoureux après incendie ou coupe mécanique. C'est donc une espèce difficile à contrôler.

La lande à buis est fréquemment colonisée par le pin sylvestre dont la dynamique est beaucoup plus rapide à l'ubac.

LANDE À BUIS

UNE LANDE BASSE ET RÉGULIÈRE SUR PLATEAUX OU COTEAUX ROCHEUX

Localisation : Etages supra-méditerranen et montagnard : de 500 à 1600 mètres d'altitude. Ces landes sont abondantes dans les montagnes préalpines ; en basse Provence, le buis est localisé à l'ubac des massifs calcaires.

Topographie : plateaux, crêtes, versants rocheux et secs ;

Substrat : calcaire dur.

Sol : moyen à superficiel.

Arbres : à basse altitude, on peut trouver des bosquets de chêne vert *(Quercus ilex)* et de filaire *(Phillyrea latifolia)*. Dans tout l'étage supraméditerranéen de 500 à 1000 m, le buis est présent en sous-bois de la CHÊNAIE PUBESCENTE SÈCHE (☞ page 127). Dans l'étage montagnard, le pin sylvestre (*Pinus silvestris)* colonise la lande à buis (☞ BOISEMENTS À PIN SYLVESTRE, page 137). Recouvrement inférieur à 30%.

Arbustes : Recouvrement supérieur à 30%. Si le recouvrement arbustif est moindre, on se situe dans la GRANDE PELOUSE PRÉALPINE (☞ page 105). Lorsque le recouvrement est supérieur à 50%, la pénétrabilité devient difficile.

Le buis *(Buxus sempervirens)* est souvent accompagné de genêt cendré *(Genista cinerea)* qui peut se révéler codominant (photo ci-contre), ou encore d'amélanchier *(Amelanchier ovalis)*.

Au sol : Sur les plateaux et versants, les landes claires se constituent sur pelouse à fétuque ovine *(Festuca ovina)*, koelérie *(Koeleria valesiaca)*, carex humble *(Carex humilis)*, brome dressé *(Bromus erectus)*. Recouvrement de 20 à 50%.
Sur les pentes raides et rocheuses, la strate herbacée est très éparse.

RESSOURCE ET UTILISATION PASTORALES DE LA LANDE À BUIS

La lande à buis offre une ressource essentiellement herbacée. C'est un milieu "rustique" qui peut être utilisé à toutes saisons : le printemps et l'automne comme "parcours de demi-saison", l'été en altitude, et même les belles journées d'hiver sur les adrets qui déneigent vite, à proximité de l'exploitation.

PÂTURAGE PAR LES OVINS

C'est un parcours bien adapté pour les ovins à l'entretien qui valorisent bien l'herbe rase de la lande.
En gardiennage : les ovins y trouvent 50 à 150 jbp/ha/an sur les adrets secs, et jusqu'à 250 jbp/ha sur les landes claires bien enherbées.

La gestion en parc est à réserver aux landes claires bien enherbées : 250 à 350 jbp/ha/an.

CONDUITE DES OVINS EN PARCS
- Taille des parcs : 10 à 50 ha
- Chargement : 10 à 30 brebis/ha
- 1 à 2 passages annuels.

PÂTURAGE PAR D'AUTRES ANIMAUX

Ce type de lande n'est intéressant pour les caprins que si d'autres arbustes que le buis sont abondants : genêt cendré, amélanchier, chênes, filaire.
La lande à buis n'est pas un parcours adapté aux bovins.

DÉBROUSSAILLEMENT

Après un débroussaillage par broyage ou un feu contrôlé, le buis rejette vigoureusement de souche. La remise en état pastoral de la lande à buis est donc difficile. Si l'on veut conserver une pelouse dégagée, le débroussaillement mécanique est à répéter tous les 3 à 5 ans. Par contre, la répétition du feu contrôlé sur une même parcelle est fortement déconseillée du fait des risques de dégradation du milieu.
A titre expérimental, des essais de dessouchage et de débroussaillement chimique du buis sont actuellement menés.

LES CHÊNAIES PUBESCENTES

Les chênaies pubescentes sont des formations caractéristiques de l'étage supra-méditerranéen, parmi les plus étendues et en cours d'expansion.

En Provence, elles couvrent plus de 200 000 hectares ; par département :

dans le 04	-	70 000 ha	........montagnes préalpines
" " **83**	-	70 000 ha	........Haut-Var
" " **84**	-	38 000 ha	........Luberon, Monts de Vaucluse, Ventoux
" " **06**	-	22 000 ha	........montagnes préalpines
" " **05**	-	12 000 ha	........Buëch
" " **13**	-	7 000 ha	........à l'ubac des massifs

Le chêne pubescent se développe sur tout substrat et sur des sols très variés. **Sur le plan pastoral, on distingue :**

- **la** CHÊNAIE PUBESCENTE SÈCHE (☞ page 127), **la plus répandue, surtout intéressante en hiver ;**
- **la** CHÊNAIE PUBESCENTE FRAÎCHE (☞ page 133), **plus localisée, qui offre une alternative comme estive locale.**

11

En sol superficiel, avec des cailloux apparents, la chênaie pubescente sèche ne développe qu'une herbe éparse, bien appréciable en hiver.

Au contraire, en sol profond, la chênaie pubescente fraîche laisse se développer une herbe abondante ou des arbustes variés, intéressants pour l'estive locale.

Sur marnes et poudingue, le chêne pubescent se développe en condition très séchante et présente souvent un port bas et tortueux, qui fait autant penser à une lande embroussaillée qu'à une formation forestière. La strate arbustive est souvent dominée par le genêt cendré et la strate herbacée par l'aphyllante (☞ LANDE À APHYLLANTE, page 111).

LA CHÊNAIE PUBESCENTE SÈCHE

La chênaie pubescente sèche se développe en sol peu profond et en climat sec, d'où le qualificatif de chênaie sèche. Elle se présente en de **vastes ensembles homogènes**, souvent monotones. Sur les plateaux calcaires des Monts de Vaucluse et du Haut-Var, on y trouve encore de nombreuses traces d'un passé agro-pastoral (murets, anciennes bergeries, pierriers, aiguiers), vestiges d'une époque où la forêt était beaucoup moins présente.

La diversité biologique est faible. En effet, en combinant l'ombre et l'ambiance sèche, ce milieu ne favorise ni les espèces remarquables de la forêt, ni les espèces remarquables des milieux ouverts.

Le pâturage entretient cette faible diversité. Chaque strate de végétation se résume souvent à une espèce principale : le chêne, le genévrier ou le buis, le brachypode penné (la *baouque*). La ressource pastorale, quoique peu abondante, est facile à exploiter en toute saison mais surtout intéressante en hiver. 11a

Non pâturée, c'est lentement que la chênaie pubescente sèche s'embroussaille de genévrier ou de buis. En fait, c'est **un milieu banal qui n'est pas menacé** par les activités qui s'y déroulent et qui le façonnent : coupe de bois de chauffage, pâturage, chasse.

CHÊNAIE PUBESCENTE SÈCHE

UN TAILLIS AU SOUS-BOIS MONOTONE

Localisation : toute zone préalpine : de 400 à 1 200 mètres d'altitude, (en-deçà : chêne vert, pin d'alep, au delà : hêtre).

Topographie : plateaux et versants ; la chênaie préfère les ubacs dans les Bouches-du-Rhône, les adrets dans les Hautes-Alpes.

Substrat : tous substrats… mais son aire de répartition couvre essentiellement des substrats calcaires : calcaire fissuré, calcaire marneux, marne, poudingue…

Sol : moyen à superficiel.

Arbres : le recouvrement total est important (60 à 90 %). Le **chêne pubescent** (*Quercus pubescens*) est toujours très dominant, voire même monospécifique. On peut le trouver en mélange avec le pin sylvestre *(Pinus silvestris)*, et aux altitudes les plus basses avec le chêne vert (*Quercus ilex*). Il est toujours traité en taillis.

Arbustes : le sous-bois, diversement développé, est pauvre en espèces (recouvrement de 10 à 40%) : le **genévrier** (*Juniperus communis*) ou le **buis** (*Buxus sempervirens*) dominent souvent seuls, parfois accompagnés de genêt cendré (*Genista cinerea*), d'églantier (*Rosa canina*), de prunellier (*Prunus spinosa*).

Au sol : la strate herbacée est toujours clairsemée (recouvrement 10 à 50 %), constituée le plus souvent du **brachypode penné** (*Brachypodium pinatum*) seul, ou encore des espèces de la GRANDE PELOUSE PRÉ-ALPINE (☞ page 105) : fétuque ovine et brome dressé. Le genêt piquant *(Genista hispanica)* est souvent présent.

Le brachypode penné est soit supra-méditerranéen et forestier, soit montagnard et présent dans des pelouses denses d'adret. Espèce mésophile, le brachypode penné ne descend jusqu'à 500 m qu'à la faveur du couvert arboré du chêne pubescent, et n'accepte les milieux ouverts qu'à la faveur de la fraîcheur due à l'altitude. Il a des feuilles retombantes, molles, d'un vert jaunâtre. Sans être l'une des meilleures graminées, elle est prélevée par les animaux. Elle est désignée par le terme provençal de "BAOUQUE".

RESSOURCE ET UTILISATION PASTORALES DE LA CHÊNAIE SÈCHE EN L'ÉTAT

Si l'embroussaillement n'est pas trop fort, ces grandes unités homogènes sont faciles à pâturer par toutes les espèces animales. En l'état, c'est un parcours très "rustique", le parcours traditionnel des herbassiers du Var. Le pâturage ralentit l'embroussaillement et maintient la faible diversité végétale.

La ressource est essentiellement herbacée, peu abondante, à prélever en une seule fois dans l'année. Elle est relativement médiocre en quantité comme en qualité, mais elle convient bien aux animaux à l'entretien. La production de glands, aléatoire, représente un "plus" certaines années. La chênaie pubescente peut être pâturée en toute saison mais c'est en hiver qu'elle offre le plus d'intérêt : le report sur pied de la pousse de baouque offre une herbe grossière pâturable par des ovins ou mieux par des bovins, à une saison où la ressource est rare ailleurs.

Une chênaie délaissée depuis quelques années offre un stock accumulé d'herbe sèche et de feuillage, et donc une ressource très supérieure pendant 1 à 2 ans : difficile à faire nettoyer par des ovins, mais bien valorisée par des bovins ou des équins, à une saison où la ressource est rare ailleurs...

Bien que traditionnellement les troupeaux soient gardés, **la gestion en parc est nécessaire dès qu'il y a un objectif DFCI** (fréquent dans le Var et le Vaucluse) : c'est le seul moyen pour obtenir un impact fort. Dans un objectif DFCI, le cahier des charges peut exiger un passage avant l'été et les risques d'incendie ; pour l'éleveur, cette exigence peut être contradictoire avec l'intérêt que ce milieu représente pour lui en hiver.

PÂTURAGE EN PARCS PAR LES OVINS

La ressource s'élève à 150-250 jbp/ha/an. Le chargement instantané doit être au minimum de 10 brebis/hectare (en deçà, pâturage trop irrégulier) et ne doit pas dépasser 40 brebis/hectare. Les parcs doivent être assez grands pour permettre un passage d'1 à 3 semaines.

Conduite des ovins en parcs

- Taille des parcs : 15 à 30 ha
- Chargement : 15 à 20 brebis/ha
- 1 seul passage annuel (sauf DFCI).

11a

PÂTURAGE EN PARC AVEC LES BOVINS ET LES ÉQUINS

C'est en transhumance hivernale, avec des bovins ou des équins, que ce type de parcours est utilisé dans le Haut-Var et le Sud des Alpes de Haute-Provence.

Le troupeau arrive en hiver, en général en janvier après la fermeture de la chasse. Il doit trouver à ce moment-là une ressource sur pied suffisante, constituée par la pousse printanière et automnale de l'année précédente. Sur les sites DFCI, ce besoin est contradictoire avec l'exigence d'un nettoyage maximum de la strate herbacée juste avant les grands risques de feu, c'est-à-dire en mai-juin. On soumettra donc au pâturage de printemps les parcs les plus stratégiques en terme de risque d'incendie, et on réservera les autres au pâturage d'hiver.

La ressource s'élève à 20-40 journées de pâturage /ha/an. Le chargement instantané minimum souhaitable est de 0,5 bovin/ha ; le chargement recommandé est de 1 Bovin/ha. Les parcs peuvent être de grande taille, 50 à 200 ha, pour un passage unique d'1 à 2 mois.

CONDUITE SYLVOPASTORALE : DERRIÈRE UNE COUPE OU UNE ÉCLAIRCIE DANS LA CHÊNAIE SÈCHE

Après une éclaircie ou une coupe, il est possible de faire pâturer les troupeaux à la condition de respecter quelques règles de conduite. Selon l'objectif sylvicole, le pâturage s'organise de différentes façons.

RÉGIME DU TAILLIS

Le taillis est coupé tous les 40 ans environ, par coupe rase des cépées. Parfois on conserve des baliveaux (100 à 400 tiges/ha) pour des raisons paysagères. Cependant, à densité faible, ils sont victimes de descentes de cime sévères.

Pour assurer le renouvellement du taillis, on recherche le maintien de tous les rejets : le pâturage avec des ovins est donc organisé de façon à ce que le troupeau ne consomme que la strate herbacée dont la ressource peut s'accroître pendant quelques années du fait de la plus grande luminosité.

• **Année de la coupe : pas de pâturage**.
• **1ère année suivante** : à condition que les rémanents aient été bien nettoyés, le pâturage devient possible mais **exclusivement en hiver**, avant débourrement des rejets.
• **Années suivantes :** le pâturage est possible au printemps si les rejets ont atteint une hauteur de 1,50 m. Toutefois, il faut limiter la pression de pâturage jusqu'à ce que les rejets aient dépassé 2 mètres, soit pendant 2 ou 3 ans ; on se donne comme indicateur de sortie un indice de raclage herbacé de 3 (voir tableau page 38).

Le pâturage est proscrit avec des caprins.

CONVERSION DU TAILLIS EN FUTAIE SUR SOUCHE

Après l'éclaircie de conversion, le pâturage est possible toute l'année sans contrainte particulière. Si l'on souhaite favoriser la régénération naturelle par les glands, la mise en défens de la parcelle est indispensable pendant au moins 5 ans, jusqu'à ce que la hauteur moyenne des jeunes plants atteigne 2 mètres. A partir de ce moment, on peut l'ouvrir au pâturage, mais exclusivement à des ovins et en période hivernale, avec une pression pastorale limitée pour réduire le piétinement.

ENTRETIEN D.F.C.I. DE COUPES OU D'ÉCLAIRCIES

Dans le cadre d'un pare-feu, on recherche une consommation importante des rejets.

Les rejets de chêne offrent un feuillage qui peut être très bien consommé par toutes les espèces, à condition de faire pâturer les animaux en parc clôturé avec une charge suffisante. La période où les animaux consomment le mieux le feuillage du chêne va de juin à octobre : de la fin du printemps quand la ressource herbacée commence à perdre en qualité, jusqu'au début de l'automne avant que les feuilles commencent à jaunir.

La repousse des principales espèces arbustives de la chênaie est bien contrôlée par les troupeaux, sauf celle du buis qui fait l'objet d'un refus total. Le genévrier non plus n'est pas consommé mais il ne rejette que très peu de souche et sa réinstallation par semis est relativement lente.

Cette conduite de pâturage s'utilise également à titre expérimental pour le dégagement de résineux après enrésinement de taillis.

RESSOURCES DE LA CHÊNAIE PUBESCENTE SÈCHE POUR DES OVINS APRÈS COUPE OU ÉCLAIRCIE FORTE DANS UN CADRE D.F.C.I.

Âge de la coupe ou de l'éclaircie forte	Ressource disponible (jbp/ha/an) arbustive	herbacée
peuplement initial	0 - 50	150 - 200
0 - 1 an	350 - 400	150 - 200
2 ans	200 - 250	150 - 250
3 - 4 ans	100 - 150	150 - 250
10 ans	0 - 100	150 - 250

Selon leur niveau de pâturage, les rejets de chêne pubescent ont une dynamique variable.
Avec un taux de consommation compris entre 60 et 100 % (tableau ci-contre), on observe un affaiblissement marqué des rejets dès la 3ème - 4ème année et une mortalité de certaines souches dès la 4ème-5ème année.
Avec un taux de consommation de l'ordre de 30 %, on observe une stabilité du peuplement : le renouvellement du feuillage est à peu près équivalent au niveau de prélèvement.
Avec un taux de consommation inférieur à 30 %, le feuillage arbustif se développe et referme progressivement le milieu.

AUTRES INTÉRÊTS, AUTRES USAGES

DES TROUPEAUX DANS LES P.I.D.A.F.

Dans la partie Sud de l'aire de répartition de la chênaie pubescente (Vaucluse, Haut-Var, Sud des Alpes-de-Haute-Provence), le risque d'incendie est moyen. L'ensemble de la zone est couverte par des PIDAF (Plan Intercommunal de Débroussaillement et d'Aménagement Forestier) où l'entretien par le pâturage est souvent recherché ; il a fait la preuve de son efficacité pour le contrôle de la végétation arbustive, dans les conditions de gestion décrites ci-dessus.

DES CLÔTURES ESCAMOTABLES EN PÉRIODE DE CHASSE

La chasse au sanglier est toujours très importante dans ces milieux. Pour les chasseurs, la présence de clôtures 4 fils gêne le déplacement des sangliers et des chiens. Une solution technique est actuellement testée à titre expérimental : la clôture escamotable (piquets fixes, fils coulissants), les fils sont baissés ou enlevés pendant la période de chasse et réinstallés pour le pâturage. Cela impose un travail supplémentaire, qui a été évalué, en terrain facile, à 1 heure/km/an pour le montage et le démontage des fils. Cette charge de travail ne doit pas incomber systématiquement à l'éleveur, mais doit faire l'objet de négociations avec les différents usagers qui en bénéficient.

LA CHÊNAIE PUBESCENTE FRAÎCHE

La chênaie pubescente fraîche se développe en sols plus profonds, riches en matière organique, dans les vallons, les bas de versant ou les anciennes terres cultivables. Cette chênaie est souvent dispersée **en petites unités.**

L'ambiance forestière de ces peuplements favorise une grande diversité spécifique, principalement au niveau des essences forestières et des arbustes, et permet la présence d'espèces remarquables.

C'est en particulier comme **estive locale** que ce milieu est intéressant pour le pâturage**.** Celui-ci, cependant, porte atteinte à l'ambiance forestière, notamment en faisant régresser les légumineuses arbustives et en compromettant la régénération des arbres. Cet impact négatif est toutefois réversible ; en effet, la profondeur de sol permet une bonne capacité de reconstitution après retrait définitif du troupeau.

CHÊNAIE PUBESCENTE FRAÎCHE

UN PEUPLEMENT HAUT AVEC UN SOUS-BOIS VARIÉ

Localisation : toute zone préalpine : 500-1 200 m
(en deçà : chêne vert, pin d'Alep, au-delà : hêtre).

Topographie : fonds de vallon, bas de versants, replats,
pente faible à moyenne.

Substrat : tous substrats.

Sol : moyen à profond, riche en matière organique ;
parfois, ancienne culture.

Arbres : le recouvrement total est toujours très important, de 70 à 100 %) avec le chêne pubescent toujours dominant ; souvent en mélange avec l'érable *(Acer opalus)*, le merisier (*Cerasus avius*), le pin sylvestre *(Pinus sylvestris)* et autres essences ; taillis haut ou futaie, hauteur généralement supérieure à 10 m.

Arbustes : la strate arbustive est très diversifiée et généralement bien fournie, avec un recouvrement de 10 à 70% : cytise (*Cytisus sessilifolius*), coronille (*Coronilla emerus*), cornouiller sanguin (*Cornus sanguinea*), chèvrefeuille (*Lonicera xylosteum*), noisetier (*Corylus avellana*)…

Au sol : la strate herbacée est d'autant plus abondante que la strate arbustive est réduite, et le recouvrement peut varier de 0 à 100%. Parmi les espèces présentes : brachypode penné (*Brachypodium pinnatum*), brachypode des forêts (*B. silvaticum*), brome dressé *(Bromus erectus)*, pâturin des bois *(Poa nemoralis)*, anémone hépatique *(Hepatica triloba)*, fraise des bois (*Fragaria vesca*)… et la fougère-aigle *(Pteris aquilina)* sur sols non calcaires.

RESSOURCE ET UTILISATION PASTORALES DE LA CHÊNAIE PUBESCENTE FRAÎCHE

En été, l'ombre et la fraîcheur de la chênaie pubescente maintiennent, pour des ovins ou des caprins, une ressource appétente faite d'arbustes ou d'herbes, particulièrement appréciable à une saison où les autres ressources pastorales sont rares à cette altitude.

Toutefois, les espèces arbustives et en particulier les légumineuses ne résistent pas à un pâturage répété chaque année : l'introduction d'un troupeau porte atteinte à leur diversité. La régénération du peuplement, lorsqu'elle est souhaitée, exige l'arrêt du pâturage.

PÂTURAGE PAR LES OVINS

Pour des petits troupeaux, si l'intérêt pastoral pour l'éleveur est jugé prioritaire, la chênaie pubescente fraîche peut représenter une estive locale intéressante. Le gardiennage en milieu boisé et embroussaillé étant difficile, le pâturage en parc est recommandé.
Ressource pastorale en l'état : 250-350 jbp/ha/an.

Conduite des ovins en parcs
- Taille des parcs : 3-10 ha
- Chargement : 20 à 50 brebis/ha
- Saison : été
- 1 passage annuel

AMÉLIORATIONS PASTORALES

Pour assurer le renouvellement de la ressource, des interventions sont nécessaires : elles visent globalement à substituer une strate herbacée à la strate arbustive et présentent donc l'inconvénient de décaler la ressource de l'été vers la fin de printemps. Ces interventions, en outre, peuvent présenter un intérêt paysager.

OUVERTURE PAR ÉCLAIRCIE : CONVERSION D'UN TAILLIS EN FUTAIE AVEC UN DÉBROUSSAILLEMENT

Le nombre d'arbres est ramené à 400-600 tiges/ha. L'accroissement de la lumière va favoriser le développement d'une strate herbacée, mais aussi le développement explosif des ronciers, parfois de la fougère-aigle.
Le débroussaillement s'apparente à un recépage mettant le feuillage à portée des animaux.

L'introduction du troupeau se fait dans l'année des travaux. La ressource s'élève à 300-500 jbp/ha, disponible en fin de printemps et au début de l'été (1er juin au 30 juillet).
La gestion des repousses arbustives avec le pâturage est complexe et hétérogène en fonction de leur accessibilité. Les rejets bien pâturés vont tendre à se nanifier et s'épuiser en quelques années, simultanément, les rejets moins consommés vont monter, leur feuillage devenant hors de portée des animaux. En quelques années, un nouveau débroussaillement va s'imposer.

FERTILISATION ET SURSEMIS

Avec une ouverture du milieu suffisante, des essais d'amélioration pastorale **par fertilisation et sursemis** (sainfoin, luzerne, dactyle, trèfle…) ont donné d'excellents résultats jusqu'à 1 000 à 1 500 jbp/ha. Mais c'est une ressource plus précoce, de plein printemps, ce qui est contradictoire avec la vocation estivale du parcours.

LES BOISEMENTS À PIN SYLVESTRE

Le pin sylvestre est une essence pionnière qui colonise les espaces ouverts dans toute la zone préalpine ; c'est son attirance pour la lumière qui le fait se multiplier rapidement par semis spontané. Frugal et ubiquiste, le pin sylvestre résiste au froid et à la sécheresse, et s'accommode de tous les substrats et de toutes les conditions topographiques. Toutefois, son enracinement superficiel le rend sensible au risque de chablis que lui font courir tempête et accumulation de neige.

Selon leurs conditions d'implantation, en sol plutôt profond ou superficiel, on doit distinguer deux types de boisement : **en ambiance fraîche et en ambiance sèche**. En l'état, les boisements de pin sylvestre offrent peu d'intérêt pastoral. Si l'on veut introduire un troupeau, il convient d'intervenir par éclaircie ou coupe rase.

En ambiance fraîche, les pins sylvestres prennent un port plus élancé ; faute de lumière, l'herbe y est rare en sous-bois.

12

En ambiance sèche, la pinède a une allure plus buissonnante, et difficilement pénétrable.

Le pin sylvestre est également **une essence de transition** : dans les peuplements adultes, on voit apparaître progressivement des semis d'essences forestières qui remplaceront à terme le pin sylvestre : chêne pubescent, érables, sorbiers et alisiers, hêtre, sapin ; cette dynamique est plus rapide en ambiance fraîche.

BOISEMENT À PIN SYLVESTRE

UN PORT TORTUEUX OU ÉLEVÉ

Localisation : étages supra-méditerranéen et montagnard, depuis 800 mètres (même 500 m pour les ambiances fraîches à l'ubac) jusqu'à 1600-1800 mètres.

Topographie et sol : toutes conditions topographiques, depuis des sols presque squelettiques (ambiance sèche) jusqu'aux sols moyens à profonds de plateaux ou vallons… (ambiance fraîche).

Substrat : tous substrats

Arbres : le **pin sylvestre** *(Pinus sylvestris)* en ambiance fraîche tend à s'élever en formant un houppier ; le peuplement est dense (plusieurs milliers de tiges par hectare), les branches basses meurent. En ambiance sèche, le pin sylvestre reste peu élevé, tortueux voire buissonnant, ses branches basses rampantes peuvent couvrir largement le sol et constituer un obstacle à la pénétration du troupeau. Recouvrement supérieur à 40%.

Arbustes : cortège arbustif variable. Plus les arbres sont hauts, moins la lumière parvient au sol, et donc la strate arbustive dépérit. En ambiance sèche, les espèces de landes subsistent en sous-bois : le genêt cendré *(Genista cinerea)*, le genévrier *(Juniperus communis)* et le buis *(Buxus sempervirens)* forment avec le pin sylvestre une broussaille à densité très variable ; les surfaces explorables par le troupeau se réduisent rapidement. Recouvrement de 0 à 40%.

Au sol : à mesure que le boisement se développe, la strate herbacée initiale régresse, jusqu'à disparaître totalement ; mais tant que le recouvrement du pin sylvestre n'est pas complet les pelouses antérieures se maintiennent : LA LANDE À APHYLLANTE (☞ page 111), LES GRANDES PELOUSE PRÉALPINES À FÉTUQUE ET BROME (☞ page105), LES PELOUSE À BROME (☞ page 99).

En **ambiance fraîche, situations mésophiles** des ubacs et vallons, en sol profond et en altitude, la colonisation est rapide : arbres denses au port élancé. Mais très vite, le manque de lumière ne permet pas le maintien d'une strate herbacée : d'où un intérêt surtout forestier. Ces boisements font donc d'abord l'objet d'une gestion sylvicole, ou tout au plus sylvo-pastorale.

En ambiance sèche, basse altitude, adrets, sols superficiels, crêtes... la colonisation est plus lente : les arbres s'élèvent peu, ils restent buissonnants et mal conformés. Ces peuplements peuvent être conservés pour la protection des sols, ou faire l'objet de coupe rase pour une remise en état pastorale.

UTILISATION SYLVO-PASTORALE DES BOISEMENTS MÉSOPHILES À PIN SYLVESTRE

En l'état, le peuplement a peu d'intérêt pastoral. Sur le plan sylvicole, sa valeur économique est faible mais son potentiel est important par substitution d'essences de meilleure qualité.

L'introduction du pâturage revient à privilégier la production d'herbe par rapport au potentiel forestier, par coupe d'éclaircie forte, élagage et broyage complet des rémanents. On conserve un arbre tous les 7-15 mètres, soit 50 à 250 tiges par hectare. 12

Cette faible densité est nécessaire au développement d'une strate herbacée, mais accroit les risques de chablis. Le sol remué par les travaux favorise l'explosion des ressemis spontanés de pin. La vente de bois permet d'autofinancer au moins partiellement le coût de l'éclaircie.

La strate herbacée spontanée se réinstalle progressivement en 2-3 ans, avec le brome dressé, le brachypode penné, la fétuque ovine et le pâturin des bois, et une pelouse à fétuque et brome sur les versants. La ressource disponible représente 350 à 500 jbp/ha/an et peut atteindre 800 jbp/ha/an sur sol profond et sur anciennes cultures.

Elle peut être utilisée au printemps et à l'automne, mais aussi en été à la faveur de l'ambiance plus fraîche sous les arbres au dessus de 1000 mètres d'altitude.

CONDUITE DES OVINS EN PARCS

- Taille des parcs : 10-20 ha
- Chargement : 20 à 50 brebis/ha
- Saison : été, ou printemps + automne
- Nombre de passages : 1 ou 2

Le développement d'espèces comme l'églantier est très difficile à contrôler par le seul pâturage. La mise en place d'un pâturage en parcs efficace est donc recommandée pour contrôler l'embroussaillement.

Si l'on veut **maintenir l'avenir forestier**, il faudra gérer la phase de régénération avec mise en défens plus ou moins sévère selon les espèces à protéger : le hêtre et le pin sylvestre ne sont pas consommés mais les jeunes semis sont menacés par le piétinement. Le sapin et le cortège de feuillus de la hêtraie (érables, cytise, alisiers…) sont très appétents ; une mise en défens est indispensable jusqu'à ce que les jeunes arbres aient atteint une hauteur de 1,80 m.

Sur le plan paysager, le sous-bois entretenu est attractif, notamment pour la fréquentation des randonneurs.

GESTION SYLVICOLE DES BOISEMENTS À PIN SYLVESTRE

Le port du pin sylvestre, le plus souvent tortueux, limite l'utilisation de son bois à la pâte à papier. La valeur économique actuelle est donc faible, mais le potentiel sylvicole est important en particulier si l'on favorise les essences de substitution.

Le forestier effectue une coupe d'éclaircie lorsque le peuplement atteint 30-40 ans, le ramenant à une densité de 800 tiges/ha insuffisante pour le développement de l'herbe. Il mène cette première génération de pin sylvestre à maturité (100-120 ans) en favorisant la régénération spontanée d'essences de meilleure qualité (deuxième génération de pin sylvestre, hêtre, sapin).

La pinède en ambiance fraîche est un milieu de transition à valeur économique et écologique très moyenne en l'état. La dynamique vers des peuplements plus diversifiés et de plus grande valeur économique et écologique commence à s'observer dans les peuplements de plus de 50-70 ans.

REMISE EN ÉTAT PASTORALE DES BOISEMENTS DE PIN SYLVESTRE EN AMBIANCE SÈCHE

La gestion du milieu est définie en fonction des conditions topographiques.

Sur les terrains ravinés, pierreux ou encore en pente forte, l'intérêt pastoral est faible. Il vaut mieux ici conserver les peuplements en état pour protéger les sols de l'érosion.

Si le peuplement couvre d'anciens parcours sur des plateaux, des versants en pente modérée, il est intéressant de les réhabiliter par coupe rase. Une simple éclaircie ne présenterait aucun intérêt, ni pour l'arbre ni pour le pâturage.
On peut conserver quelques bosquets de pin (attrait paysager, abris ombragés pour le troupeau), mais si le pâturage s'arrête, ils constitueront autant de semenciers qui permettront une recolonisation rapide du milieu.
Les tas de rémanents sont broyés pour éviter que les broussailles s'y installent. La vente du bois pour la pâte à papier permet d'autofinancer au moins en partie ces travaux.

La strate herbacée encore présente par plages dans les anciennes clairières permet d'introduire le troupeau immédiatement après les travaux ; ceci est d'autant plus impératif, pour contrôler les ressemis spontanés de pin sylvestre qui s'élèvent à plusieurs milliers voire même à plusieurs dizaines de milliers de semis naturels à l'hectare. La conjugaison du piétinement et du dessèchement estival, permet de contrôler les repousses arbustives et d'éliminer la régénération explosive du pin dans le sol remué par les travaux. Cependant ce milieu est peu attractif pour les animaux : broyat important, plages d'herbe disjointes. Il est donc nécessaire de mettre en place des **parcs clôturés**. La ressource est faible les 2 premières années mais le développement de la strate herbacée spontanée est rapide et permet de reconstituer un parcours bien enherbé en 3-4 ans : le plus fréquemment par une pelouse à fétuque et à brome (voir page 107) ou une lande à aphyllante (voir page 113). (Pour connaître les ressources et les modes de gestion des parcours ainsi réhabilités, se reporter aux fiches en question).

La réalisation d'un sursemis afin d'accélérer l'implantation d'une strate herbacée est possible mais n'est pas nécessaire ; mieux vaut miser sur les espèces herbacées spontanées, bien adaptées et pérennes.

La phase de peuplement résineux médiocre en ambiance sèche dure longtemps. En l'absence de pâturage, les différentes strates de végétation forment une continuité horizontale et verticale où les risques d'incendie sont moyens. La restauration de certaines pelouses de crêtes actuellement enrésinées permet de rétablir toute leur valeur écologique.

RISQUES D'INCENDIE

Les risque d'incendie dans les boisements à pin sylvestre sont moyens à faibles mais concernent des surfaces très importantes. Dans le cadre de PIDAF, la mise en oeuvre d'aménagements de protection contre les incendies se justifie donc. La réalisation d'aménagements sylvopastoraux peut s'inscrire dans ce cadre-là.

LES REBOISEMENTS À PIN NOIR

En Provence, les boisements à pin noir d'Autriche ne sont jamais des milieux naturels. Leur sous-bois sombre et peu herbacé n'a pas à priori de vocation pastorale. Ils ont été plantés il y a un siècle pour lutter contre l'érosion. Aujourd'hui, 37 000 hectares sont recouverts par le pin noir dont les 3/4 en forêt domaniale.

La surexploitation agro-pastorale dans les Alpes du Sud, la réduction du couvert forestier, l'érosion ont conduit le législateur à instaurer la loi de 1882 sur la Restauration des Terrains de Montagne (RTM). Cette loi avait pour seul objectif d'instaurer des périmètres de protection dans les bassins versants les plus dégradés. Faute d'entreprendre les travaux, les propriétaires étaient expropriés et c'était les services de l'État, les Eaux et Forêts, qui intervenaient.

Les travaux consistaient à couvrir au plus vite le sol, le plus souvent par reboisement en pin noir d'Autriche et à densité très forte (10 000 à 20 000 plants/ha) parfois accompagné de travaux anti-érosifs tels que la création de banquettes et l'engazonnement. Espèce frugale, ne craignant ni le gel ni la sécheresse, le pin noir est l'essence idéale sur des terrains érodés. Jusque dans les années 50, certains boisements ont été exploités pour la fourniture de bois de mine et de poteaux. Sinon, dans l'ensemble, ils n'ont fait l'objet d'aucun autre entretien.

Les plantations se sont prolongées tout au long du 20e siècle et jusqu'à aujourd'hui dans le cadre de diverses aides aux boisements avec des densités beaucoup plus faibles. Les recommandations actuelles de 1600 pieds/ha, voire 1100 pieds/ha, permettent d'envisager une introduction du troupeau pendant les 20-30 premières années de la plantation. Audelà, aussi bien la ressource pastorale que la diversité faunistique et floristique diminuent rapidement avec le développement du boisement.

13

REBOISEMENT À PIN NOIR

DE VASTES SUPERFICIES DANS LES ALPES DU SUD

Localisation : étages supra-méditerranéen et montagnard de 400 à 1 700 mètres d'altitude ; au delà, son développement est limité par la neige qui provoque d'important dégâts.

Topographie : tous types de reliefs… les reboisements sont effectués à l'échelle de bassins versants entiers.

Substrat : calcaires ou marneux.

Sol : tous types de sols.

Arbres : les plantations anciennes sont denses et rarement entretenues. Dans les plantations récentes, le vieillissement des peuplements de **pin noir** *(Pinus nigra ssp. nigricans)* entraîne un recouvrement de plus en plus important, diminuant ainsi la luminosité du sous-bois. Recouvrement de 40 à 100%.

Sous-bois : selon les situations et les milieux d'origine, on trouve différentes espèces arbustives et herbacées : ce sont celles qui existaient au moment de la plantation. Elles dépérissent avec le vieillissement du peuplement et la fermeture à la lumière. Simultanément, peuvent apparaître quelques régénérations d'essences forestières

---

Si les reboisements RTM ont souvent été effectués sur des terrains très dégradés, ils concernent aussi d'anciens parcours pâturés voire d'anciennes terres cultivables, (☞ page 105 "GRANDES PELOUSE PRÉALPINES", page 111 "LANDE À APHYLLANTE", page 117 "LANDE À GENÊT CENDRÉ", page 121 "LANDE À BUIS" et page 99 "PELOUSE À BROME").

CONDUITE SYLVO-PASTORALE DES BOISEMENTS À PIN NOIR

Les peuplements adultes, avec l'obstacle que représentent les branches basses, le peu de lumière qui arrive au sol, l'épaisse couche de litière d'aiguilles de pins, les rémanents d'éclaircie, l'absence de visibilité du troupeau... ne sont vraiment pas faits pour le pâturage.

Cependant, les densités plus faibles recommandées aujourd'hui (1100 ou 1600 pieds/ha) retardent la fermeture du milieu et la baisse de luminosité. Dans ce cas, c'est jusque vers 25-30 ans, tant que le recouvrement arboré ne dépasse pas 60 %, que la ressource fourragère se maintient. Les premières éclaircies étant programmées à partir de 35-45 ans, l'herbe se sera alors trop raréfiée pour bénéficier de l'accroissement de lumière.

Recouvrement arboré	Strate herbacée	
	Recouvrement maximum	jbp/ha maximum
jusqu'à 30-40 %	90-100 %	1 000
jusqu'à 50-60 %	80-90 %	750
jusqu'à 75 %	50 %	450
jusqu'à 90 %	15 %	150
jusqu'à 100 %	0 %	0

C'est seulement au bout d'une dizaine d'années après plantation, quand les arbres dépassent 1,5 m de haut et qu'ils sont considérés "défensables" par les forestiers qu'un troupeau peut être introduit. On peut y introduire des ovins, mais aussi des bovins ou des équins quand la strate herbacée est principalement composée de brachypodes et/ou de brome. La conduite est plus facile en parcs, plutôt grands car la ressource est médiocre : 10 à 20 hectares pour des ovins, et de l'ordre de 50 hectares pour de gros animaux. Le pin noir est assez peu appétent tant pour les ovins que pour les bovins. Cependant, avec une pression forte en parc, les aiguilles des pins sont consommées, ce qui équivaut à un élagage progressif des arbres. Les premiers coups de dent sur le pin noir deviennent alors le meilleur indicateur de sortie de parc des animaux.

Jusqu'à l'âge de 25-30 ans avec les densités préconisées ou après un dépressage ramenant le peuplement à ces densités-là, le boisement de pin noir est facile à pâturer. Le niveau de ressource peut être apprécié en se reportant au type de parcours sur lequel le jeune boisement est installé. L'ombre du pin noir permet à l'herbe de rester verte plus tard en saison, voire d'être consommée en estive locale. Le troupeau bénéficie en plus de la fraîcheur du sous-bois.

Ainsi, c'est seulement pendant une vingtaine d'années, entre 10 et 30 ans d'âge, qu'un boisement de pin noir à densité modérée offre un intérêt pastoral certain.

DES EXPÉRIENCES EN COURS POUR ELARGIR LA DURÉE D'UTILISATION PASTORALE DES BOISEMENTS DE PIN NOIR

PÂTURER PLUS TÔT ...

Le piétinement du troupeau ou une pression pastorale trop forte juste après un reboisement risquent de compromettre l'installation du résineux. Toutefois, les observations montrent que l'on peut introduire un troupeau ovin dans un peuplement de 2-3 ans à condition de limiter le chargement instantané et la durée du séjour pour limiter les risques de coup de dent sur les jeunes arbres. Une telle introduction précoce permet un nettoyage de la strate herbacée bénéfique aux jeunes arbres ; cependant, de telles pratiques relèvent encore du domaine expérimental...

PÂTURER PLUS TARD ...

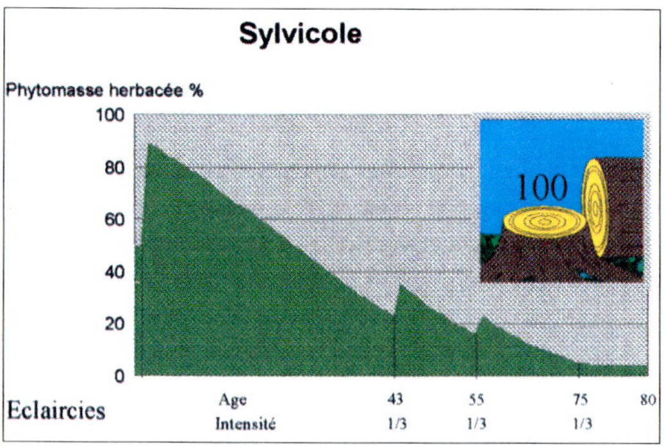

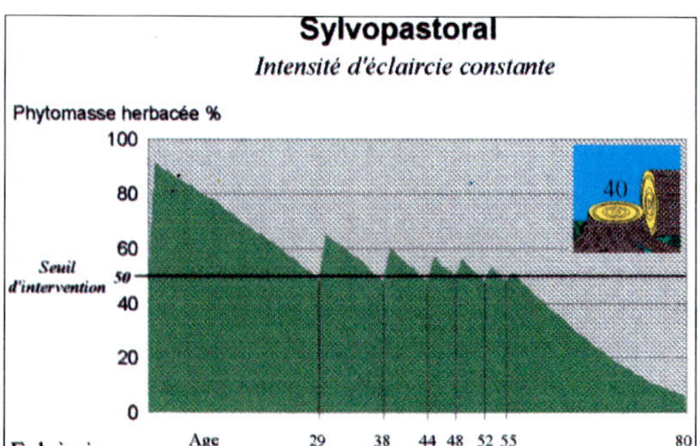

Plus la première éclaircie est précoce, plus la production d'herbe est maintenue.

Suite à une expérimentation menée dans le Buëch (05), un modèle réalisé par M. Bruno MSIKA du laboratoire de recherches forestières méditerranéennes de l'INRA d'Avignon, tendrait à montrer qu'avec des éclaircies de plus en plus rapprochées, et donc au détriment de la production de bois, on pourrait entretenir un niveau exploitable de la strate herbacée jusque vers 55-60 ans.

LA SYLVICULTURE DU PIN NOIR AUJOURD'HUI

Aujourd'hui, les règles de conduite des peuplements édictées par l'ONF sont les suivantes :

• **Reboisement :** densité initiale recommandée : 1100 ou 1600 tiges/ha.

• **Régénération :** facile et abondante de 650 à 1 200 m, sauf sur les stations les plus sèches. Les semis profitent du couvert et de l'ambiance forestières mais les jeunes plants ont besoin de lumière dès l'âge de 3 à 4 ans. D'où la pratique d'une coupe d'ensemencement forte (ramenant la densité à 125-500 tiges/ha selon la classe de fertilité de la station) suivie 5 ans plus tard de la coupe définitive.

• **Dépressage :** à un âge variant de 6 à 20 ans selon la classe de fertilité (hauteur des arbres 1,5-2 m), on ramène la densité à 1100 ou 1600 tiges/ha.

• **Éclaircie :** les peuplements étant ramenés à une densité de 1 100 - 1 600 tiges/ha, la première éclaircie est possible vers 35 ans dans les terrains les plus favorables ; le plus souvent elle a lieu entre 40 et 55 ans. Le nombre total d'éclaircies, le plus souvent de 2 à 3, varie avec la qualité du sol. À 95 ans une forte coupe d'ensemencement précède la coupe définitive qui a lieu en principe à 100 ans. Deux modèles de conduite du peuplement sont actuellement proposés par l'ONF : l'une avec première éclaircie tardive, et prélèvement fort, et économisant une éclaircie ; l'autre propose une première éclaircie plus précoce et des prélèvements moindres à chaque passage.

En l'absence d'exploitation pour des raisons d'accessibilité, de foncier…, le peuplement âgé de plus de 100 ans évolue spontanément vers une hêtraie ou chênaie qui se substituera au peuplement résineux.

ENJEUX ÉCOLOGIQUES

En 20 ans, la fermeture du boisement de pin noir provoque rapidement une forte baisse de la diversité faunistique et floristique.

Si cette chute de la biodiversité est un phénomène sans gravité en milieu "banal", **le reboisement à pin noir est beaucoup plus dommageable dans les écosystèmes les plus remarquables,** en particulier les pelouses sèches et substeppiques, recensées au titre des ZNIEFF (Zones Naturelles d'Intérêts Écologique, Floristique et Faunistique) et de la directive européenne "*Habitat Natura 2000*". La transformation de ces milieux est irréversible alors que l'intérêt économique en est minime.

Les risques d'incendie de boisements de pin noir sont moyens aux altitudes basses, et faibles aux altitudes plus élevées. Toutefois, dans certains massifs l'entretien des peuplements peut aussi être assuré par le pâturage en prévention contre les incendies.

Pour les promeneurs enfin, les belles futaies âgées de pin noir, même éloignées des villes, sont souvent un lieu apprécié de promenade, pique-nique, champignons…

MILIEUX MÉDITERRANÉENS

	COUSSOU n°14 p.155	FRICHE A BRACHYPODE DE PHENICIE n°15 p.161	GARRIGUE A CHENE KERMES n°16 p.167	GARRIGUE A ROMARIN n°17 p.173	MAQUIS A CISTES ET BRUYERES n°18a p.179	MAQUIS A CYTISE TRIFLORE n°18b p.187	FRICHES A CISTES n°18c p.191	CHENAIE VERTE n°19 p.197	CHATAIGNERAIE n°20 p.203
altitude	plaine de Crau	600 à 700 m	0 à 500 m	0 à 500 m	0 à 500 m	0 à 500 m	0 à 500 m	0 à 700 m	200 à 1000 m
topographie relief	grande plaine steppique	anciennes cultures et terrasses	plateaux et colline	vallons et versants	collines	ubacs et vallons	anciennes cultures	tous reliefs	vallons, ubacs terrasses
substrat sol	gros galets apparents	sol profond	roche ou pierres apparentes	marneux ou marno-calcaire	siliceux	siliceux	siliceux ; sol profond	calcaire ou siliceux	silceux ; sol profond
recouvrement arboré	**absent naturellement**	**parfois anciens vergers**	**< 20 % (chêne vert) < 40 % (pin d'alep)**	**< 40 %**	**< 40 %**	**< 40 %**	**bosquets**	**> 20 %**	**40 à 80 %**
châtaigner						░			█
chêne pubescent						░		░	░
chêne vert			▒	░				█	
chêne-liège					▒	▒			
pin d'alep			░	▒	░			░	
pin maritime					░				░
pin pignon							░		
recouvrement arbustif	**possible localement**	**embroussaillement fréquent**	**30 à 90%**	**20 à 50%**	**> 50%**	**> 50%**	**0 à 70%**	**0 à 50% en clairière**	**0 à 80%**
ajonc à petite fleur			░						
arbousier					▒	░			▒
bruyère arborescente					█		▒		
bruyère à balais					█				
buis			░					░	
buplèvre			░						
cade		░	░	░				▒	
calycotome					▒				▒
chêne kermès			█	░				▒	
ciste cotonneux			░		█		▒	▒	
ciste à feuilles de sauge					█		▒		
ciste de Montpellier	░				█		█		
cytise triflore						█			▒
églantier		░							
filaires			░		▒				
genévrier de phénicie			░					░	
grand genêt d'Espagne		▒							▒
romarin			░	█				▒	

recouvrement arbustif	possible localement	embroussaille-ment fréquent	30 à 90%	20 à 50%	> 50%	> 50%	0 à 70%	[illegible] en clairière	0 à 80%
pistachier terebenthe									
prunellier									
ronce									

recouvrement herbacé	40 à 70%	80 à 100%	10 à 50%	5 à 20%	5 à 20%	0 à 70%	60 à 100%	20 à 50% en clairière	40 à 100%
Aira sp.									
agrostide de Castille									
anthyllide vulnéraire									
aphyllante									
brachypode de phénicie									
brachypode penné									
brachypode rameux									
bromes annuels									
brome dressé									
canche									
carex humble									
chiendent									
dactyle aggloméré									
Dorycnium suffruticosum									
fétuque rouge									
fétuque ovine									
flouve odorante									
fougère-aigle									
genêt poilu									
globulaire naine									
Helianthemum guttatum									
houlque laineuse									
stipe penné									
thym									
Vulpia sp.									
	COUSSOU	FRICHE A BRACHYPODE DE PHENICIE	GARRIGUE A CHENE KERMES	GARRIGUE A ROMARIN	MAQUIS A CISTES ET BRUYERES	MAQUIS A CYTISE TRIFLORE	FRICHES A CISTES	CHENAIE VERTE	CHATAIGNERAIE

LE COUSSOU

Le "coussou" désigne la grande plaine steppique de la Crau sèche. Il forme un paysage unique de cailloux et d'herbe rase sur le delta fossile de la Durance.

Le “coussou” et les "Causses" ont probablement la même éthymologie : ce sont des pelouses rases réservées au pâturage. Quant au terme de Crau, il désigne aussi en Provence, divers plateaux d’aspect steppique : Crau de St Michel l'Observatoire, Craus du Petit Luberon…

Les conditions pédologiques et climatiques ne permettent pas l’installation d’arbres ou de buissons. Le climat est très sec, avec des précipitations à la limite du semi-aride, et des vents violents. Une barrière de poudingue, horizon caillouteux pris en masse dans un ciment calcaire, fait obstacle entre le sol et la nappe phréatique à une profondeur de quelques dizaines de cm.

14

Depuis des siècles, le coussou est une terre de pâturage ovin : des bergeries l’occupaient déjà à l’époque romaine. Au fil des siècles, la superficie de la Crau sèche s'est réduite sous l'effet de l'irrigation : c'est la Crau humide produisant le fameux foin de Crau. Elle a plus particulièrement diminué ces dernières décennies, avec le développement des vergers et de l'industrialisation (Fos, Istres, grands axes de communication) et n'atteint plus que 11 500 ha, aujourd'hui.

Cette steppe renferme plusieurs espèces remarquables, en particulier d'oiseaux, qui justifient sa protection.

COUSSOU

UNE STEPPE VÉRITABLE

Localisation : Le coussou est strictement localisé dans la partie non irriguée de la Crau (Bouches-du-Rhône).

Topographie : plaine… de Crau exclusivement.

Substrat : Ciment calcaire imperméable entre 0 et 1 mètre de profondeur.

Sol : Pierrosité importante sous forme de gros galets : plus abondants dans le centre et le nord (jusqu'à 50 % de recouvrement) que dans le sud (environ 30 %). Certaines parcelles de Crau ont été épierrées.

Arbres : Absents naturellement. Des amandiers *(Amygdalus communis)* épars ont été plantés, ils sont en régression.

Arbustes : Localement, la ronce *(Rubus ulmifolius)* et le ciste de Montpellier *(Cistus monspeliensis)* peuvent être abondants.

Au sol : La strate herbacée a un recouvrement de 40 à 70 % et est dominée par le brachypode rameux *(Brachypodium ramosum)*, le thym *(Thymus vulgaris)*, l'asphodèle *(Asphodelus fistulosus)*, parfois la lavande (*lavandula latifolia*) et de nombreuses annuelles dont la proportion relative détermine l'intérêt pastoral et la gestion. Cette flore très spécifique a été façonnée par le pâturage sélectionnant ainsi des plantes annuelles et hémicryptophytes (herbacées vivaces aux organes de survie au ras du sol).

• **LE COUSSOU FIN,** dominé par les annuelles, correspond aux zones épierrées, parfois mises en cultures puis abandonnées, aux zones d'affleurement du poudingue en surface, ou encore aux auréoles autour des bergeries et des points d'eau très intensément pâturées depuis longtemps.
• **LE COUSSOU GROSSIER** est dominé par le brachypode rameux, favorisé par l'abondance de cailloux et le pâturage moins intensif à la périphérie des circuits de pâturage.
• **LE COUSSOU PANACHÉ** comprend les faciès intermédiaires.

RESSOURCE ET UTILISATION PASTORALES

LES COMPOSANTES DE LA RESSOURCE PASTORALE

La ressource est au ras du sol : herbe fine ou grossière, thym et lavande.

• **Les annuelles :** elles ont une production très liée aux conditions climatiques. Le cycle végétatif de ces espèces, pendant lequel elles sont bien mangées, est court (avril-mai), saison variable selon les pluies. Ensuite, elles sèchent vite, et peuvent devenir des refus (fruits épineux, épis à barbe). Les repousses en automne se produisent s'il pleut avant qu'il fasse froid ; ce qui se produit en moyenne deux automnes sur trois.
C'est la composante de la ressource la plus appétente, mais la plus aléatoire.

• **Le brachypode rameux et le thym :** Ils peuvent être reportés sur pied et mangés à toute saison entre l'automne et le printemps.
Ils représentent la composante grossière de la ressource, mais sûre, même en cas de sécheresse.

Le coussou panaché associe qualité et sécurité.

La production annuelle est de 700 à 1000 kg M.S./ha.

PÂTURAGE PAR LES OVINS EXCLUSIVEMENT

Les systèmes d'élevage ovin de Crau combinent le pâturage du fin, du grossier et de surfaces fourragères cultivées, en constituant des lots d'animaux à l'entretien ou à fort besoin.

• **Pour des bêtes à l'entretien ou en retape nourries sur coussou seul : trois gestions sont pratiquées.**
- utilisation exclusive de printemps de mars à juin : 400 - 600 jbp/ha
- utilisation d'automne si pluies favorables : 150 - 200 jbp/ha suivie d'une utilisation de printemps tardif d'avril à juin, apportant 300 à 400 jbp/ha supplémentaires.
- utilisation d'hiver du report sur pied de la pousse d'automne : 100 - 150 jbp/ha, suivie d'une utilisation de printemps tardif : 300 à 400 jbp/ha supplémentaires.

• **Pour des bêtes à fort besoin (croissance ou allaitement),** mais aussi avec des animaux à l'entretien ou en retape, **le coussou s'utilise en association avec des surfaces fourragères** ("soupade"). L'association se fait dans la journée ou sur des périodes de plusieurs jours. La proportion des deux ressources est très variable.

• **Certains éleveurs mettent des lots en allaitement sur coussou fin seul,** sans soupade au printemps, avec un tri de la ressource de la part des animaux : niveau de prélèvement 200 jbp/ha les années favorables.

La conduite du troupeau se fait en gardiennage, même si la clôture fait son apparition.

En hiver, le gardiennage est serré pour racler le brachypode rameux ; il repoussera plus appétent et séchera plus tard en fin de printemps, ce qui permettra de repasser en cas de sécheresse.
Au printemps, avec un gardiennage plus lâche, les circuits de pâturage couvrent l'ensemble du coussou pour exploiter les annuelles quand elles poussent.

Les bergers craignent plus le sous-pâturage qu'un sur-pâturage auquel le milieu semble bien adapté. En effet, le sous-pâturage entraînerait une accumulation de brachypode sec jusqu'à 15-30 cm de haut, très difficile à pâturer ensuite.

INTERVENTIONS : DÉCONSEILLÉES

Les interventions culturales, même légères, sont déconseillées parce qu'elles modifient les écosystèmes.

Elles offrent d'ailleurs peu d'intérêt, la pelouse en l'état étant bien adaptée au pâturage. Seuls, des sursemis restent envisageables sur les surfaces déjà retournées antérieurement.

ENJEUX ECOLOGIQUES

Les 11 500 ha de coussou ont été classés en Zone de Protection Spéciale.

Cette mesure est intervenue pour tenter d'enrayer toute intervention agricole lourde (implantation de vergers) qui aboutissent à fracturer la barrière de poudingue et ont des effets irréversibles.

LES ESPÈCES LES PLUS REMARQUABLES...

On y trouve une plante endémique protégée *(Teucrium cravense)*, le criquet hérisson, espèce endémique *(Prionotropix rhodonica,* ci-dessus) et une riche avifaune dont deux espèces ne nichent qu'en Crau pour la France : le *Ganga cata* (ci-dessous) et le faucon crécerellette.

D'autres espèces intéressantes sont également à signaler :

l'outarde canepetière (ci-dessus), l'oedicnème criard (ci-dessous), l'alouette calandre, le rollier d'Europe. A part le faucon qui niche dans les bergeries ou les pierriers, tous ces oiseaux nichent à terre entre deux cailloux. La conservation des pratiques traditionnelles est la meilleure garantie pour sauvegarder cet écosystème.

LA FRICHE À BRACHYPODE DE PHENICIE

Le brachypode de Phénicie est l'espèce des friches anciennes dans tout l'étage méditerranéen. Cette espèce précoce, qui épie dès le début du mois d'avril, a des feuilles de couleur vert glauque tirant vers le gris, qui deviennent très vite raides et coriaces, peu appétentes pour les ovins ou les caprins.

Désignée par le même terme provençal de "*baouque*", elle ressemble beaucoup au brachypode penné, mieux consommé par les animaux, qui se développe dans les chênaies pubescentes ou dans les pelouses denses des bas d'alpages à l'adret.

Cette graminée thermophile et héliophile, vigoureuse et agressive, se développe en formation herbeuse haute, quasiment monospécifique, sur des friches déjà anciennes, terrasses et parcelles autrefois cultivées. On la rencontre jusqu'à 600-700 mètres d'altitude et jusque dans la vallée de la Bléone, en adret.

D'année en année, les vieilles touffes accumulent la phytomasse sèche qui élimine progressivement les autres espèces, pour aboutir à cette formation quasiment monospécifique. En l'état, ce milieu n'offre que très peu d'intérêt pastoral. Le brachypode de Phénicie n'est appétent ni pour les ovins, ni pour les caprins. On peut cependant contraindre les animaux à le consommer car il est très productif en quantité sinon en qualité, et d'autre part le pâturage forcé contribuera à l'entretien de ce milieu.

L'embroussaillement se produit le plus souvent par le buisson typique des friches méditerranéennes, le grand genêt d'Espagne ; dans les situations les moins chaudes, l'églantier et le prunellier peuvent s'y substituer.

Les incendies, fréquents en région méditerranéenne, favorisent aussi bien le brachypode de Phénicie que le grand genêt d'Espagne, tous deux pourvus d'un système racinaire puissant.

FRICHE À BRACHYPODE DE PHÉNICIE

UNE FORMATION HERBEUSE HAUTE QUASIMENT MONOSPÉCIFIQUE

Localisation : dans tout l'étage méditerranéen, jusqu'à 600-700 mètres d'altitude.

Topographie : petites unités de surface anciennement cultivées : friches, terrasses (les *restanques* des Provençaux).

Substrat : calcaire

Sol : sol profond

Arbres : généralement absents, sauf arbres résiduels d'anciens vergers et olivettes.

Arbustes : embroussaillement fréquent avec le grand genêt d'Espagne (*Spartium junceum*) ; présence possible du cade *(Juniperus oxycedrus)*, de l'églantier *(Rosa canina)* et du prunellier *(Prunus spinosa)*.

Au sol : le **brachypode de Phénicie** *(Brachypodium phoenicoides)* est toujours très dominant avec la présence possible de "badasse" *(Dorycnium suffruticosum)*, et de plusieurs légumineuses et graminées favorisées par le pâturage : minette *(Medicago minima)*, dactyle *(Dactylis glomerata)*, brome dressé *(Bromus erectus)*, fléole *(Phleum nodosum)*. Le recouvrement est de 80 à 100%.

RESSOURCE ET UTILISATION PASTORALES DE LA FRICHE À BRACHYPODE DE PHÉNICIE EN L'ÉTAT

La friche à brachypode de Phénicie occupe en général des petites surfaces, à l'échelle des parcelles et restanques anciennement cultivées en colline.

Ces parcelles se trouvent souvent à proximité du siège de l'exploitation. La friche est **une ressource exclusivement herbacée** et de qualité grossière lorsque le brachypode de Phénicie est très dominant. Dans tous les cas, les chèvres la refusent et les ovins ne la consomment qu'en pâturage contraint ; elle n'est bien consommée que par les bovins et les équins.

Très précoce, c'est une ressource intéressante en début de printemps. Son niveau de production est de 1500 à 2500 kg de matière sèche/ha/an. Bien pâturée, la friche s'améliore progressivement : le brachypode de Phénicie tend à régresser au profit des espèces associées de meilleure qualité.

PÂTURAGE EN PARC PAR LES OVINS

Dans une friche abandonnée où le brachypode de Phénicie est très dominant, l'introduction d'un troupeau ovin est difficile. Nettoyer l'herbe sèche accumulée nécessite une charge forte pendant plusieurs années. A cette phase d'introduction, cette friche ne convient qu'à des animaux à l'entretien. 15

Lorsque la vieille herbe a été nettoyée, la pousse annuelle de la pelouse à brachypode de Phénicie peut satisfaire toutes les fonctions du troupeau : gestation, lactation, retape, engraissement des agneaux.

La gestion du troupeau en parc est obligatoire : les parcs sont de petite taille avec un chargement instantané fort pour une ressource disponible allant de 500 à 850 jbp/ha/an. Le premier passage au printemps doit s'effectuer très tôt, lors de la première pousse du brachypode (mars-avril) ; il est possible de revenir en automne ou en hiver.

CONDUITE DES OVINS EN PARCS

- Taille des parcs : 1 à 5 ha
- Chargement : 100 brebis/ha
- 2 à 3 passages au printemps, 1 passage en automne ou en hiver

PÂTURAGE PAR LES BOVINS ET LES ÉQUINS

Les bovins et les équins valorisent bien l'herbe grossière accumulée. En une année, ils peuvent nettoyer une parcelle abandonnée. Par la suite, ils apprécient la pousse annuelle de meilleure qualité.

AUTRES INTERVENTIONS PASTORALES

Anciennes terres cultivables, ces friches peuvent être remises en culture pour un objectif de production fourragère ou autre. Cependant, il s'agit souvent de parcelles étroites, en terrasses, non mécanisables.

- **Fertilisation phospho-potassique :** une fertilisation non azotée associée au pâturage provoque **une évolution spectaculaire de la ressource :** une explosion des légumineuses (trèfles méditerranéens, trèfle blanc, trèfle violet, petite minette) et une réduction du brachypode de Phénicie au profit du dactyle, du brome et de l'arrhénatère. La ressource pastorale peut atteindre 2000 jbp/ha/an.

- **Feu contrôlé :** bien que l'emploi du feu contrôlé soit efficace pour nettoyer la biomasse sèche accumulée, **il pose de multiples problèmes :**
• il favorise de vigoureuses repousses du brachypode à partir de ses souches traçantes ; il faut donc introduire immédiatement un pâturage efficace.
• le feu a également pour inconvénient de détruire le stock de graines de légumineuses présent dans le sol et de diminuer donc le potentiel d'enrichissement de la pelouse.
• attention au feu sur les terrasses : la chaleur fait éclater les pierres et risque de provoquer leur éboulement.

- **Contrôle du grand genêt d'Espagne :** dans un vieux peuplement de genêt, on observe un dessèchement partiel de l'arbuste : à ce stade, la coupe ou le feu le régénérerait en stimulant ses rejets vigoureux.
Le pâturage ne permet pas vraiment de bien contrôler le genêt d'Espagne, sauf dans les conditions qui suivent : le mieux est de le laisser en place et d'introduire sur la parcelle des animaux lourds qui vont progressivement casser les branches périphériques dépérissantes et éclaircir le peuplement de buissons hauts. Les troncs seuls occupent peu de surface au sol et ne concurrencent pas l'herbe ; celle-ci se développe, favorisée par l'ombre maintenant réduite des buissons …et l'azote fixé dans le sol par les racines du genêt d'Espagne : c'est en effet une légumineuse.
Un dessouchage peut être réalisé dans une perspective de remise en culture.

INTÉRÊT PAYSAGER

La préservation des terrasses à brachypode de Phénicie présente un grand intérêt paysager et patrimonial autour des villages.

Leur remise en état doit éviter toute initiative qui fragiliserait les murets de soutènement : le feu contrôlé qui provoque l'éclatement des pierres, le pâturage par des ovins dont le piétinement entraîne leur éboulement... sont donc fortement déconseillés. Mieux vaut à ce propos quelques unités de gros bétail au comportement plus tranquille qu'un troupeau ovin qui n'hésitera pas à dévaler les terrasses.

LA GARRIGUE À CHÊNE KERMÈS

Le chêne kermès, en occitan *garru* **ou** *agarrus*, **est l'arbuste qui a donné son nom à la garrigue : il en est l'espèce typique, parfaitement adaptée au passage du feu à intervalles réguliers.**

Espèce très héliophile, elle s'épanouit dans les stations les plus chaudes, même sur la roche affleurante, en pleine lumière.
Son système souterrain est constitué d'un réseau de racines qui rejettent vigoureusement après le passage d'un incendie ou d'un débroussaillement, et reconstitue son système aérien en 2-3 ans ; on parle d'espèce "pyrophyte". Chaque individu forme ainsi une grande tâche de chêne kermès, la garrigue étant constituée d'une succession de ces tâches plus ou moins denses, séparées de plages d'herbe.

La garrigue constitue de grandes unités de végétation avec des zones denses et moins denses en mosaïque, selon les variations de profondeur de sol et de fissuration de la roche.

L'intérêt pastoral de la garrigue "en l'état" dépend donc entièrement de sa pénétrabilité : on distingue LA GARRIGUE CLAIRE, le plus souvent constituée de chêne kermès bas sur sol superficiel et LA GARRIGUE DENSE, peu pénétrable, constituée de chênes kermès plus hauts et mélangés à quelques autres arbustes. En effet, avec ses feuilles piquantes, le chêne kermès est difficilement pénétrable, et n'est consommable que par des caprins — ou seulement en parcs de contention pour les autres animaux.

GARRIGUE À CHÊNE KERMÈS

UNE GARRIGUE SOUVENT IMPÉNÉTRABLE

Localisation : étage méditerranéen, basse Provence calcaire, du bord de mer jusqu'à 500 m d'altitude : Bouches-du-Rhône, Sud du Vaucluse, Ouest du Var.

Topographie : plateaux et collines, des crêtes jusqu'aux vallons, et jusqu'aux anciennes terrasses partiellement éboulées ; toutes expositions, préférentiellement sud.

Substrat : principalement calcaire, peut se trouver sur substrat siliceux (présent sur certains adrets de basse altitude dans les Maures) en station très sèche.

Sol : roche apparente ou pierrosité souvent importante ; sol superficiel à moyen, rarement sur sol profond.

Arbres : la garrigue peut être couverte par un peuplement arboré clair de pin d'Alep *(Pinus halepensis)* qui ne modifie pas son ambiance jusqu'à 40 % de recouvrement ; le chêne vert *(Quercus ilex)* peut être disséminé en bouquets (ou "mattes") ; au dessus de 25 % de chêne vert : ☞ page 197 "CHÊNAIE VERTE".

Arbustes : le chêne kermès est toujours dominant, variant entre 30 et 90 %. Il est le plus souvent accompagné par des arbustes divers : filaires *(Phillyrea angustifolia, P. latifolia)*, ciste cotonneux *(Cistus albidus)*, pistachier terebenthe *(Pistacia terebenthus)*, romarin *(Rosmarinus officinalis)*, cade *(Juniperus oxycedrus)*, genevrier de Phénicie *(J. phoenicea)*, coronille *(Coronilla juncea)*. L'ajonc à petite fleur *(Ulex parviflorus)* se localise sur des sols plus argileux, le buplèvre *(Bupleurum fruticosum)* sur des sols plus profonds, le buis *(Buxus sempervirens)* aux altitudes plus élevées et en ubac.

Au sol : le recouvrement herbacé varie de 10 à 50 % selon la densité du chêne kermès et les plages d'affleurement rocheux ; la strate herbacée se localise dans les trouées et clairières. Le brachypode rameux *(Brachypodium ramosum)*, souvent accompagné de stippe *(Stipa pennata)*, domine toujours et constitue le fonds pastoral de la garrigue. Cette "baouque" sèche est peu accessible aux animaux lorsqu'elle s'accumule sous le kermès. Le dactyle *(Dactylis glomerata)*, des trèfles méditerranéens et des annuelles peuvent enrichir la ressource. Sur sol profond, le brachypode de Phénicie *(B. phoenicoides)* peut être abondant. Les petits ligneux caractéristiques sont le thym *(Thymus vulgaris)*, l'euphorbe *(Euphorbia characias)*, des hélianthèmes *(Helianthemum italicum, Fumana procumbens)*, la globulaire naine *(Globularia nana)*.

RESSOURCE ET UTILISATION DE LA GARRIGUE À CHÊNE KERMÈS

C'est la pénétrabilité qui détermine l'intérêt pastoral de la garrigue, seule la garrigue claire est pâturable en l'état. La garrigue peut être exploitée de l'automne au printemps.

LES COMPOSANTES DE LA RESSOURCE

La ressource est variée mais jamais abondante.
Elle est surtout constituée d'herbe grossière toute l'année (la baouque), mais aussi d'herbe de meilleure qualité au moment des pluies de printemps et d'automne. Certains arbustes offrent un feuillage appétent (chêne vert, filaire, nerprun, coronille, buplèvre) consommé surtout en hiver ; enfin les glands ont une production plus constante que ceux des autres chênes.

PÂTURAGE PAR LES OVINS

Dans la garrigue claire, ce sont des brebis à l'entretien que l'on conduit de l'automne au printemps. En hiver, où les autres ressources sont rares, elle offre un intérêt particulier. De plus, la garrigue étant un milieu très séchant, elle est utilisée les jours de pluies.
La ressource disponible varie entre 50 et 250 jbp/ha/an, selon l'herbe, les arbustes consommables et les glands.
Les troupeaux sont traditionnellement conduits en gardiennage sur des grandes unités de surface. La gestion en grands parcs facilite la consommation de brachypode rameux et les repousses de l'année suivante seront plus vertes ; par contre, le chêne kermès n'est pas consommé.

Dans la garrigue dense en l'état, il est impossible d'introduire des troupeaux, même en parc. Si la garrigue est ouverte par un incendie ou un débrousssaillement, un aménagement pastoral en parcs clôturés n'est envisageable que dans le cas où les arbustes appétents sont aussi abondants que le chêne kermès (filaire, chêne vert, nerprun, buplèvre, coronille…). On recherche un impact fort pour maintenir la pénétrabilité du milieu chaque année. La ressource atteint 600-800 jbp/ha/an y compris une complémentation de 100 g par brebis et par jour. Un seul passage est effectué en hiver pour préserver la repousse de printemps.

CONDUITE DES OVINS EN PARCS

- Taille des parcs : 10 à 50 ha
- Chargement : 10 à 25 brebis/ha
- 1 passage entre l'automne et le printemps

PÂTURAGE PAR LES CAPRINS

La garrigue est le milieu d'origine de la chèvre du Rove...

et les chèvres sont les animaux qui consomment le mieux le feuillage du chêne kermès, surtout sur les jeunes pousses du printemps. La garrigue est donc intéressante pour des caprins aussi bien au printemps qu'à l'automne (glands). Pour être bien exploitée, la garrigue doit être pénétrable ; les chèvres l'explorent à partir de sentiers et prélèvent les feuilles sur les lisières, élargissant ainsi les clairières progressivement.
L'exploitation se fait en association avec d'autres surfaces dans des circuits de pâturage et ne vise pas à une consommation complète de la ressource ; la production de lait est toujours assurée par la complémentation à l'auge.

PÂTURAGE PAR LES BOVINS

La garrigue dense est utilisée pour des bovins camarguais, en grands parcs de 20 à 50 ha.

En hiver, de novembre à avril alors que les pâturages de Camargue sont inondés, on y introduit des mâles de 3 à 5 ans en croissance lente, ainsi que des femelles allaitantes : à cette période, on pourra accepter qu'elles maigrissent un peu, à condition de ne pas trop prolonger le séjour, et qu'elles se rattrappent le reste de l'année sur des surfaces de meilleure qualité.
Les bovins ont une bonne capacité de pénétration dans la broussaille, et l'ouvrent progressivement par effet mécanique. Ils consomment sur pied le stock de broussaille et l'herbe sèche ; il faut apporter une complémentation couvrant 40 à 60 % des besoins énergétiques des femelles, et 30% des besoins des mâles.
Le chargement instantané est de 1 à 2 animaux par hectare.
La ressource atteint 200 à 300 journées-pâturage par hectare en phase d'ouverture, avant de se stabiliser à 100 journées-pâturage par hectare, complémentation comprise, ce qui correspond à des séjours de 100 à 150 jours.
Avec une telle gestion, le chêne kermès est progressivement réduit.

INTERVENTION SUR LA GARRIGUE : D'ABORD À OBJECTIF DFCI

La garrigue à chêne kermès est toujours présente dans des massifs à risque d'incendie important. Dans le cadre de PIDAF, des grandes coupures à objectif DFCI y sont systématiquement aménagées.

Les surfaces concernées sont importantes dans les départements littoraux. Par exemple, dans les Bouches-du-Rhône, on débroussaille des "Bandes de Sécurité" (BDS) de 2 x 20 m ou 2 x 50 m de large servant à assurer la sécurité des véhicules des pompiers le long de pistes sommaires.
La vigueur de la repousse du chêne-kermès impose un nouveau débroussaillement mécanique ou par feu contrôlé tous les 3 ans. Un nanifiant (krénite) peut être utilisé pour ralentir la croissance du kermès et donc espacer les débroussaillements tous les 5 ans.

La garrigue dense débroussaillée régulièrement est plus pénétrable et des plages d'herbes se développent progressivement. Elle peut constituer une opportunité intéressante pour un troupeau au printemps ; elle fournit 200 à 300 jbp/ha en gardiennage ou en parc. Pour la DFCI, le pâturage offre l'intérêt de nettoyer la strate herbacée tous les ans ; par contre, il est sans effet sur les repousses de chêne kermès.

L'utilisation de parcs de nuit est efficace avec des ovins pour contrôler partiellement les repousses de chêne kermès, grâce à l'effet combiné du piétinement des animaux et d'un "grignotage" du feuillage. Des essais ont été effectués avec des parcs de 2 à 10 ha, des effectifs de l'ordre de 1000 brebis, et une durée de présence d'un mois ; pendant cette période, les animaux pâturent les surfaces environnantes au moins une partie de la journée.

UNE VÉRITABLE RÉSERVE À RAPACES

L'aigle de Bonnelli (ci-contre), **le hibou Grand-Duc, le vautour percnoptère** (ci-dessous), nichent dans les falaises, les rochers, les barres calcaires caractéristiques des massifs montagneux des Bouches-du-Rhône et du Sud du Vaucluse.

L'aire de chasse de ces rapaces est importante et couvre à la fois les collines et les plaines environnantes. Une part importante de leur alimentation provient des garrigues ouvertes et claires, où la structure en mosaïque (strate herbacée bien implantée, plages d'arbustes) est favorable à l'ensemble de la chaîne alimentaire : reptiles (proies du Circaète), perdrix, lapins et campagnols (dont se nourrissent l'aigle de Bonnelli et le hibou Grand-Duc), enfin cadavres divers, y compris de moutons, pour le vautour. Plus la garrigue se ferme, moins les rapaces trouvent leurs proies… d'où l'importance d'une gestion permettant le maintien d'une garrigue clairiérée.

Dans cette garrigue claire fleurissent ***iris,*** *tulipes et orchidées.*

LA GARRIGUE À ROMARIN

Le romarin est une espèce thermophile et héliophile qui, comme toutes les espèces de garrigue, est favorisée par le passage du feu ; après un incendie, il rejette peu de souche mais s'installe ou se réinstalle vigoureusement par semis spontané.

Le romarin est très développé sur substrat calcaire mais peut se trouver sur substrat siliceux dans les stations les plus chaudes.

La garrigue à romarin est installée dans l'étage méditerranéen de préférence sur substrat marneux ou marno-calcaire.
Elle constitue le milieu le plus favorable à la colonisation du pin d'Alep (voir encadré page 176), colonisation plus ou moins rapide selon les conditions de sol et la fréquence des incendies.

Cette garrigue produit une ressource pastorale faible mais intéressante pour les ovins en hiver.

GARRIGUE À ROMARIN

UNE GARRIGUE FACILEMENT PÉNÉTRABLE

Localisation : étage méditerranéen, Basse-Provence calcaire de 0 à 500 m.

Topographie : vallons et versants, terrasses abandonnées, toutes expositions.

Substrat : marneux et marno-calcaire.

Sol : sol superficiel à profond.

Arbres : le pin d'Alep *(Pinus halepensis)* est souvent abondant. Au-delà de 40 %, il forme un boisement (voir encadré "Pinède à pin d'Alep" page 176).
Présence possible de chêne vert *(Quercus ilex)*.

Arbustes : le romarin *(Rosmarinus halepensis)* domine toujours, accompagné de chêne kermès *(Quercus coccifera)* et de cade *(Juniperus oxycedrus)*.
Recouvrement arbustif : 20 à 50 %.

Au sol : La strate herbacée est le plus souvent pauvre (recouvrement 5 à 20 %) mais avec des plages plus denses localisées dans les vallons et sur les restanques abandonnées. L'espèce dominante est l'aphyllante *(Aphyllantes monspeliensis)*, accompagnée de brachypode rameux *(Brachypodium ramosum)*. Sur les restanques, le brachypode de Phénicie *(Brrachypodium phoenicoïdes)* domine.

RESSOURCE ET UTILISATION PASTORALE DE LA GARRIGUE À ROMARIN

Le romarin avec ses branches souples forme une garrigue toujours suffisamment ouverte pour laisser pénétrer les animaux.

PÂTURAGE PAR DES OVINS UNIQUEMENT

Le romarin n'étant pas consommé, la ressource est surtout constituée d'aphyllante. Bien que peu abondante (50-150 jbp/ha/an), elle offre cependant un intérêt certain en hiver pour des brebis à l'entretien.

La garrigue à romarin, qui occupe souvent des vallons plus ou moins boisés, forme des secteurs abrités intéressants les jours de pluie ou de mistral.

Le troupeau est conduit en gardiennage sur des unités de grandes surfaces.

Les parcs clôturés offrent peu d'intérêt pour la gestion de la ressource. Toutefois, s'ils sont utiles à l'éleveur, ils doivent être de grande taille (25 à 50 ha). Une amélioration pastorale n'est envisageable que sur sol profond, en particulier sur les terrasses abandonnées bien identifiables par la dominance du brachypode de Phénicie. Elles sont cependant souvent de petite taille et peu accessibles.

PINÈDE DE PIN D'ALEP

Le pin d'Alep est un résineux pionnier dans l'ensemble de l'étage méditerranéen. Il s'installe par semis spontané dans des terrains ouverts, surtout après le passage de l'incendie. Les arbres âgés, à l'écorce épaisse, résistent assez bien à un feu qui ne monte pas en cime. On peut ainsi trouver dans un peuplement 2 ou 3 tranches d'âge correspondant chacune à un passage d'incendie. L'extension du pin d'Alep est très importante depuis quelques décennies, en particulier dans la garrigue à romarin et dans les friches à brachypode de Phénicie. Dans les garrigues à chêne kermès, son implantation est plus difficile et lente. Il couvre aujourd'hui plus de 200 000 hectares dans la région Provence-Alpes-Côte d'Azur.

En fonction des conditions de sol, le port du pin d'Alep est très variable. En station favorable, un peuplement correct et bien conduit peut fournir du bois d'oeuvre vers 80 ans mais les éclaircies nécessaires sont rarement pratiquées. Dans les peuplements existants, la sylviculture vise à régulariser les classes d'âge : les arbres les plus vieux sont éliminés ; les arbres d'âge moyen sont éclaircis afin d'enlever les sujets dominés, vendus en bois de papeterie ou palette ; les plus jeunes sont ramenés à une densité de 1 000 tiges par hectare.
Lors de l'exploitation et afin de réduire le risque d'incendie, il est recommandé d'effectuer soit un démantèlement des houppiers en tronçons de petite taille, soit un broyage (plus onéreux). L'une ou l'autre de ces opérations est nécessaire si l'on souhaite introduire un troupeau.

INTRODUCTION D'UN TROUPEAU

Le feuillage clair du pin d'Alep maintient une strate herbacée suffisante pour introduire des troupeaux en sous-bois. Le feuillage du pin d'Alep est consommé par les brebis et surtout les chèvres. L'introduction des brebis est possible à partir d'une hauteur des jeunes arbres supérieure à 1,50 m ; pour les chèvres, c'est le diamètre du tronc qui devra dépasser 10 cm avec une écorce déjà crevassée afin d'éviter les dégâts sur l'écorce. Les bovins ne consomment pas le feuillage. C'est seulement avec l'hivernage de taureaux de Camargue que les risques de piétinement des jeunes arbres sont importants (voir page 170). La taille des unités pastorales (parc ou gardiennage) est toujours supérieure à celles des parcelles d'exploitation forestière, ce qui peut poser des problèmes pour les parcelles en régénération.

LES MAQUIS

Les maquis désignent toutes les formations arbustives méditerranéennes développées sur substrats siliceux ou dolomitiques. Dans la région Provence-Alpes-Côte d'Azur, les maquis recouvrent plus de 130 000 hectares surtout dans les massifs des Maures et de l'Estérel du Var. Les cistes et les bruyères sont les arbustes les plus caractéristiques de ces milieux. Le chêne-liège est souvent présent avec un recouvrement variable (10 à 50 %) pouvant former une suberaie claire.

Très sensibles au feu, les maquis sont remaniés trop souvent par les incendies pour avoir le temps d'évoluer vers de vraies formations forestières. Le feu passe régulièrement sur une même parcelle, en moyenne tous les 10 à 25 ans. Seuls les milieux les plus ouverts et ceux situés en ambiance fraîche sont moins sensibles aux incendies. Au total, les maquis forment une mosaïque bien diversifiée.

Sur le plan pastoral, il faut distinguer différents types de maquis conditionnés par le type de sol et leur situation topographique :

- Les **maquis "vrais"**, dominés par les **cistes et les bruyères,** mais aussi l'arbousier et le calycotome **:** ils sont façonnés par des passages du feu à intervalles réguliers, et l'herbe y est très éparse. Ces maquis prennent des formes diverses, un **maquis haut** à bruyères se substituant progressivement à un **maquis bas**.

- Les **maquis à cytise** sont caractéristiques des ambiances fraîches, ubac, vallon. Ils se développent donc dans des conditions moins sensibles au feu et en formations pré-forestières ou forestières (chêne-liège).

- Les **friches colonisées par les cistes :** C'est surtout le ciste de Montpellier qui se développe sur ces sols profonds. Tant que le recouvrement du ciste ne dépasse pas 50-60 %, le milieu est bien enherbé et reste facilement pénétrable. C'est le milieu privilégié de la tortue de Hermann.

Les éleveurs locaux ovins et surtout caprins utilisent les maquis une grande partie de l'année. Mais c'est principalement dans le cadre de la transhumance hivernale que la mosaïque des maquis prend une place extrêmement originale dans les systèmes d'élevage de montagne, bovin mais surtout ovin.

En l'état, les maquis sont difficilement exploitables par les troupeaux sans aménagement ; mais l'intérêt pastoral ne justifie pas à lui seul le coût élevé de ces travaux. C'est donc surtout dans le cadre de l'entretien de grandes coupures pastorales à objectif DFCI que les troupeaux exploitent les maquis de décembre à juin.

Pour des animaux en croissance (génisses, agnelles), la gestion pastorale doit être prudente et s'appuyer sur des surfaces bien enherbées : friches, semis, mais aussi châtaigneraie. Ces jeunes animaux doivent être ramenés dès le mois de mai sur des prairies.

Ce sont surtout les brebis adultes à l'entretien qui peuvent être introduites dans des maquis. La ressource arbustive constituant une part importante de la ration, elles ont besoin d'une transition alimentaire progressive.

- En les introduisant au mois de décembre ou janvier sur des sites bien enherbés (friches et maquis bien enherbés, maquis à cytise), elles s'habituent à un complément alimentaire distribué en faible quantité (100 g/brebis/jour).
- Au bout d'un mois, il est temps d'introduire les brebis dans le maquis proprement dit. Une complémentation plus importante (250 à 400 g/brebis/jour) est nécessaire pour couvrir leurs besoins azotés et les inciter à ingurgiter la ration ligneuse riche en fibre. Jusqu'à mars, soumises à ce régime, on pourra accepter que les brebis maigrissent un peu.
- Après le 15 mars, c'est le moment de les introduire sur les sursemis de trèfle souterrain où elles se retaperont et se prépareront à la lutte. A la même époque, les éleveurs locaux peuvent y introduire les agneaux avec leur mère.
- Au mois de juin, ce sont les contraintes DFCI qui obligent les brebis à l'entretien à repasser sur les pare-feu stratégiques, de façon à bien racler l'herbe du printemps avant qu'elle sèche. Un complément alimentaire de 200 g/brebis/jour est à nouveau nécessaire.
- À la mi-juin, les transhumants peuvent monter leur troupeau directement en estive sans le ramener sur l'exploitation.

Les caprins laitiers des Maures utilisent les maquis pour une part très limitée de leurs besoins alimentaires, l'essentiel de la ration étant distribué à l'auge. Les chèvres effectuent des circuits couvrant des surfaces importantes, avec un impact très diffus.

LES MAQUIS À CISTES ET BRUYÈRES

Ce sont les véritables maquis. Ils sont dominés par les cistes, les bruyères, l'arbousier et le calycotome. Ils couvrent l'essentiel des surfaces dans les massifs cristallins méditerranéens. C'est l'évolution après l'incendie qui façonne la structure des maquis : maquis bas et maquis haut.

L'incendie provoque pendant un ou deux ans une explosion éphémère de nombreuses espèces herbacées annuelles. Par la suite, seules quelques graminées xérophiles forment une strate herbacée très éparse.
L'incendie favorise également la germination massive des graines de cistes, capables de rester en dormance durant plusieurs décennies dans le sol. Les trois espèces principales de cistes, envahissent alors tous les terrains parcourus par l'incendie. Très rapidement, il se forme alors un **maquis bas à cistes** dense et d'âge uniforme mais qui n'a pas une durée de vie très longue (15 à 25 ans).

Progressivement, les espèces qui rejettent de souche après l'incendie se développent : bruyères, arbousier, calycotome, filaire. Au fur et à mesure, un **maquis haut** difficilement pénétrable se forme sous lequel les cistes régressent.
Le chêne liège qui résiste au passage de l'incendie est souvent présent avec un recouvrement variable de 10 à 50 %.

En l'état, ces maquis ont un faible intérêt pastoral.
C'est seulement avec d'importants travaux d'ouverture et d'amélioration pastorale justifiés uniquement par un objectif DFCI que ces maquis peuvent être exploités durablement par les troupeaux.

18a

MAQUIS À CISTES ET BRUYÈRES

DES MAQUIS FAÇONNÉS PAR LES INCENDIES

Localisation : étage méditerranéen jusqu'à 500 m.

Topographie et sol : toutes situations sauf dans les ambiances fraîches.

Substrat : siliceux.

Arbres : le chêne liège *(Quercus suber)*, résistant au passage du feu, est souvent présent, avec des densités variables. Des semis de pin maritime *(Pinus pinaster)* et de pin d'Alep *(Pinus halepensis)* explosent après le passage du feu. Recouvrement inférieur à 40%.

MAQUIS BAS :

Arbustes : l'incendie déclenche l'installation des cistes, espèces pionnières. Ils sont donc toujours très dominants avec plus de 50 % de recouvrement : ciste à feuilles de sauge *(Cistus salviaefolius)*, ciste de Montpellier *(C. monspeliensis)* et ciste cotonneux *(C. albidus)*. Ils sont accompagnés par différents arbustes : bruyère arborescente *(Erica arborea)* et bruyère à balai *(E. scoparia)*, arbousier (*Arbutus unedo)*, calycotome *(Calycotome spinosa)* et filaire *(Phillyrea angustifolia)*.

Au sol : dans l'année qui suit l'incendie, il se produit souvent une explosion éphémère de légumineuses annuelles : en particulier la psoralée bitumineuse *(Psoralea bituminosa)*. Les années suivantes, l'enherbement faible est constitué surtout d'espèces annuelles éparses : 5 à 20 % de recouvrement avec l'hélianthème *(Helianthemum guttatum)*, de nombreuses graminées des genres *Aira* et *Vulpia*, des légumineuses (trèfles, vesces et gesses) et des petites composées.

MAQUIS HAUT :

Arbustes : la formation arbustive est devenue haute et dense et elle est dominée par les bruyères, l'arbousier, le calycotome et le filaire en proportion variable. Les cistes vieillissants participent encore à ces formations, mais représentent moins de la moitié du couvert arbustif.

RESSOURCE ET UTILISATION PASTORALES DES MAQUIS À CISTES ET BRUYÈRES EN L'ÉTAT

Après l'incendie, c'est seulement pendant 3 à 5 ans pour des ovins et une dizaine d'années pour des bovins et équins que le maquis reste accessible ; au-delà l'embroussaillement devient trop important. Dans tous les cas, seuls des travaux d'amélioration pastorale permettront de pérenniser l'utilisation par les troupeaux.

LES COMPOSANTES DE LA RESSOURCE

Après l'incendie, la ressource est principalement constituée des arbustes ayant rejeté de souche, les cistes n'étant pas des espèces appétentes : ce sont les rejets d'arbousier, mais aussi de bruyère arborescente, de filaire, de calycotome, d'adénocarpe, de chêne-liège qui offrent une ressource aux animaux accessible jusqu'à 1,20 m de hauteur pour des ovins, 2 m pour des bovins, des équins et des caprins. De plus, cette ressource arbustive est peu sensible à la sécheresse et reste appétente en toute saison. En fait, c'est l'abondance de l'arbousier qui détermine l'intérêt pastoral : lorsqu'il représente moins de 15 % de la strate arbustive, le maquis n'a guère d'intérêt pastoral.

L'herbe est peu développée et de qualité médiocre. Le couvert clair de chêne liège fournit une ressource très irrégulière en glands.

PÂTURAGE PAR DES OVINS

Ce milieu doit être strictement réservé à des brebis à l'entretien conduites en parcs clôturés : c'est à dire en hiver, de janvier à mars pour le lot de brebis ayant agnelé à l'automne ; en juin, le troupeau peut être amené à repasser sur les pare-feu pour respecter les contraintes DFCI.

Pour inciter le troupeau à ingérer une ressource essentiellement arbustive, un complément alimentaire à hauteur de 20 à 30 % des besoins quotidiens est indispensable soit 250 à 400 g/brebis/jour. Ensemble, la complémentation et les arbustes fournissent alors entre 100 et 200 jbp/ha/an tant que la ressource arbustive demeure accessible.

Conduite des ovins en parcs

- Taille des parcs : 20 à 50 ha
- Chargement : 10 à 25 brebis/ha
- Nombre de passages : 1 en hiver ; 1 en fin de printemps seulement si contraintes DFCI

18a

Etant donné le relief, l'exploration du maquis par les brebis est toujours hétérogène ; elle tend à se concentrer sur le haut des parcs où la pression de consommation très forte maintient le milieu ouvert plus longtemps, mais provoque un épuisement des arbustes fourragers. Cette pression peut aboutir à une ingestion massive de ciste à feuille de sauge, qui dans certains cas, a contribué à des problèmes d'intoxication d'animaux. Enfin, dans le reste des parcs, la fermeture rapide du maquis et le développement en hauteur des arbustes fourragers éliminent rapidement tout intérêt pastoral.

La prolongation du pâturage au-delà des 3 à 5 premières années passe donc impérativement par des travaux de réouverture du milieu et, lorsque cela est possible, des améliorations pastorales devront être répétées à intervalle régulier.

OUVERTURE ET AMELIORATIONS PASTORALES DES MAQUIS : D'ABORD À OBJECTIF DFCI

Les très forts risques d'incendie dans les maquis ont conduit à la création d'un réseau important de grandes "coupures de combustible" (pare-feu). L'entretien mécanique de ces coupures, réalisé traditionnellement avec des moyens mécaniques, coûte cher et a conduit depuis une dizaine d'années à faire appel à des éleveurs. Mais la gestion pastorale de ces grandes coupures est difficile et nécessite des travaux complémentaires de semis et de fertilisation.

OUVERTURE MÉCANIQUE DU MAQUIS

Après les travaux, l'herbe est rare et ne se développe pas spontanément. Le ciste à feuille de sauge envahit le milieu après débroussaillement, par rejets de souche et semis spontané. La plupart des autres espèces arbustives présentes émettent des rejets vigoureux.
Les jeunes repousses d'arbousier, de bruyère arborescente, de filaire, de calycotome, de chêne-liège sont appétentes et permettent un

pâturage 4 à 12 mois plus tard, soit l'automne ou l'hiver suivant les travaux. Selon leur importance, **la ressource s'élève pour des brebis à l'entretien à 200-400 jbp/ha/an**, y compris l'apport d'un complément alimentaire à raison de 250-400 g/brebis/jour. Le pâturage se fait obligatoirement en parc. Sur toutes ces espèces appétentes, des taux de consommation importants les font régresser. Cette régression pose un problème pastoral notamment sur l'arbousier qui est la principale composante de la ressource ; afin de lui permettre de reconstituer ses réserves, il est préférable d'éviter un deuxième pâturage en fin de printemps.

La strate arbustive se refermant rapidement, un nouveau débroussaillement est nécessaire après 5-6 ans pour rétablir l'accessibilité de la ressource, mais dès 3-4 ans pour respecter les contraintes DFCI.

Après le débroussaillement, des interventions de semis et de fertilisation sont souvent nécessaires, aussi bien pour améliorer la ressource pastorale que pour améliorer l'entretien du pare-feu.

SEMIS ET FERTILISATION

Les coûts de la réalisation des sursemis ou des semis avec travail du sol et de leur entretien sont élevés par rapport à leur production fourragère effective. Ce sont donc d'abord des techniques nécessaires à l'entretien des pare-feu par les troupeaux et non des techniques fourragères au sens strict.

Les sursemis directs ou les semis avec travail du sol doivent être réservés aux meilleures zones sur lesquelles ils ont une bonne chance de réussir : plateaux, croupes et versants en pente faible, avec de préférence un couvert arboré de 30 à 50 % ou une exposition Nord, ou sur sols profonds. Ailleurs, la strate herbacée ne pourra pas se développer ou se maintenir et la fertilisation associée ne profiterait qu'aux arbustes. Le semis après travail du sol permet une meilleure implantation qu'un sursemis. La production varie très fortement en fonction des conditions climatiques.

Les semis offrent en outre l'avantage décisif de faciliter le contrôle de la strate arbustive : d'une part, grâce à la concurrence pour la lumière que la strate herbacée fait aux graines de cistes ; d'autre part, grâce à une pression de pâturage d'ensemble plus importante. L'intervalle de temps entre deux passages mécaniques d'entretien peut ainsi être doublé.
Au total, le coût élevé d'un semis ne peut se justifier totalement qu'au regard de l'ensemble du système sylvopastoral.

Une espèce s'est révélée particulièrement bien adaptée aux sursemis dans les maquis : **le trèfle souterrain**.

LE TRÈFLE SOUTERRAIN

Le trèfle souterrain est une légumineuse annuelle se comportant comme une pérenne grâce à sa faculté d'enterrer elle-même ses graines dans le sol, d'où son nom. Originaire de nos régions, elle a été sélectionnée par les Australiens qui assurent actuellement l'essentiel de la production mondiale de semences et qui sont à l'origine de la presque totalité des cultivars existants.
C'est une espèce de très bonne valeur fourragère, à bonne croissance hivernale, qui pousse précocement au printemps mais tarde à démarrer en automne. Elle manifeste une très bonne résistance à la sécheresse, par contre elle craint le froid hivernal. Sa pérennité dépasse 10 ans. C'est donc l'espèce idéale pour l'amélioration pastorale des maquis.
Il convient de distinguer :
- les cultivars résistants à l'ombrage et aux pH supérieurs à 7 : Clare, Nuba,
- les cultivars bien adaptés aux conditions sèches : Mount Baker, Argelès,
- les cultivars de bas-fond, se développant bien sur sols temporairement inondés : Trikkala.

Le semis du trèfle souterrain doit être effectué en automne, avant le 15 octobre et à des doses de 20 à 30 kg/ha. Il est tout de suite suivi d'une

fertilisation de 200 kg/ha de phosphate d'ammoniaque (18-46-0), indispensable pour une bonne implantation. Une fertilisation phosphatée d'entretien est nécessaire au moins une fois tous les 2 ans. En l'absence de fertilisation, la ressource chute fortement en 2-3 ans. Il est donc inutile de semer du trèfle souterrain si l'on n'apporte pas une fertilisation régulière.

Lorsque le semis est bien implanté, on peut attendre une ressource de **500 à 1 000 jbp/ha/an, ou bien 75-100 journées de bovins/ha/an**, en fonction des conditions climatiques.

RESSOURCE ET UTILISATION PASTORALES DU MAQUIS APRÈS AMÉLIORATION

Après ouverture et amélioration pastorale sur une partie de leur surface, les maquis peuvent accueillir aussi bien des ovins que des bovins ou des caprins.

La gestion se pratique obligatoirement en grands parcs clôturés englobant à la fois une partie semée et une surface beaucoup plus importante broyée ou non, mais non semée. Le pâturage du trèfle souterrain se substitue à la complémentation qui n'est plus nécessaire et incite les animaux à compléter leur ration en fibres cellulosiques par l'ingestion de feuillage arbustif. La ressource, et donc le nombre de passages, dépend entièrement de la répartition des surfaces non ouvertes, des surfaces simplement broyées et des surfaces débroussaillées et semées.

PÂTURAGE PAR LES OVINS

Le passage doit s'effectuer au printemps (avril-mai). Les secteurs semés peuvent satisfaire les besoins plus importants du troupeau à certaines périodes bien précises, par exemple la préparation à la lutte, l'allaitement et l'engraissement des agneaux.

Conduite des ovins en parcs

- Taille des parcs : 20 à 50 ha
- Chargement : 10 à 25 brebis/ha
- Nombre de passage par an : 1

LA RÉGÉNÉRATION DU CHÊNE-LIÈGE DANS LES MAQUIS À CISTES ET BRUYÈRES

Le chêne-liège est répandu dans tous les maquis sous forme de boisements clairs. Il régénère assez bien dans le maquis haut, formation qui tend à évoluer vers un stade forestier. Mais si le chêne-liège adulte, par sa couche isolante et protectrice de liège résiste bien à l'incendie, les jeunes plants sont détruits et la régénération de la suberaie est compromise par la répétition des incendies. D'autre part, les débroussaillements mécaniques qui tendent à se multiplier dans le maquis et la pression du pâturage portent également atteinte à la régénération du chêne-liège.

C'est pourquoi les forestiers recherchent dans certains secteurs la régénération du chêne-liège, non pas avec un objectif immédiat de production de liège, celle-ci ayant quasiment disparu dans la région, mais bien pour préserver un capital pour l'avenir et pour favoriser une ambiance plus forestière.

Dans le cadre des aménagements pastoraux, il est recommandé d'effectuer une sélection de brins (un brin par cépée) après le broyage initial et d'installer une protection individuelle solidement implantée (tubes ou grillage de 1,20 m pour des ovins ou 2 m pour des bovins ou des caprins) sur les rejets de souche sélectionnés ainsi que sur les régénérations spontanées issues de glands, avant introduction du troupeau. Des semis complémentaires de glands pourront être effectués par petites trouées (moins de 5 000 m^2) protégés dans les mêmes conditions. Les protections doivent être maintenues 5 à 10 ans.

Cependant, le coût élevé de ce traitement de régénération en limite la réalisation à quelques surfaces prioritaires, encore largement expérimentales aujourd'hui.

ENJEU ÉCOLOGIQUE

La création de zones bien enherbées, puis entretenues régulièrement par engins mécaniques peut constituer un véritable piège mortel pour les tortues de Hermann (voir encadré page 195). En effet, si cette espèce est aujourd'hui très rare dans les maquis denses, les belles plages d'herbe ainsi créées peuvent attirer les noyaux de population subsistant à proximité. Une fois réimplantées, ces tortues risquent d'être réduites en cas de passages mécaniques ultérieurs.
D'autre part, les zones de maquis amélioré sont favorables aussi bien à l'avifaune (forte augmentation du nombre d'espèces d'oiseaux) qu'au petit gibier (lièvre, perdrix rouge ...).

LES MAQUIS À CYTISE TRIFLORE

Les maquis à cytise, toujours en ambiance fraîche, constituent des formations pré-forestières qui évoluent progressivement vers des châtaigneraies ou des suberaies denses.

Le cytise triflore, légumineuse arbustive, associé à une strate herbacée variée offre aux troupeaux une ressource de qualité à certaines périodes de l'année. Elles peuvent être ainsi utilisées en décembre-janvier, comme zones de transition à l'arrivée des troupeaux en transhumance hivernale ; ou encore, au cours du printemps, pour satisfaire des besoins importants des animaux à des périodes-clés de l'année, notamment pour la préparation à la lutte.

Le cytise triflore est très appétent pour tous les animaux. Après pâturage, il est fréquemment consommé jusqu'à plus d'un mètre de hauteur.

Cependant, l'introduction des troupeaux contrarie l'évolution forestière et pose le problème du renouvellement de la ressource arbustive constituée par le cytise triflore, très sensible à l'impact du pâturage.

LES MAQUIS À CYTISE TRIFLORE

LES MAQUIS DES SITUATIONS FRAÎCHES

Localisation : étage méditerranéen jusqu'à 500 m.

Topographie et sol : en ambiance fraîche : ubacs et vallons.

Substrat : siliceux.

Arbres : Le chêne-liège *(Quercus suber)* est toujours présent (recouvrement inférieur à 40%), soit épars, soit en formation boisée plus ou moins dense, parfois accompagné d'autres feuillus : chêne pubescent *(Quercus pubescens)*, châtaignier *(Castanea sativa)*, arbousier arborescent *(Arbutus unedo)*.

Arbustes : Le cytise triflore *(Cytisus triflorus)* est toujours dominant. Recouvrement supérieur à 50%.

Au sol : La strate herbacée est bien développée : flouve odorante *(Anthoxantum odoratum)*, brachypode penné *(Brachypodium pinnatum)* et des genêts rampants *(Genista pilosa, G. sagittalis)*. L'herbe se raréfie seulement sous couvert arboré ou arbustif trop dense. La fougère aigle *(Pteris aquilina)* est souvent présente. Recouvrement de 70 à 0%.

RESSOURCE ET UTILISATION PASTORALES DES MAQUIS À CYTISE

COMPOSANTES DE LA RESSOURCE

L'essentiel de la ressource se compose d'une strate arbustive appétente, d'une herbe abondante mais de qualité moyenne et de glands.

Le cytise triflore, comme toutes les légumineuses arbustives, régresse dès qu'il est trop pâturé ; cependant, la vigueur de sa croissance le rend rapidement hors de portée de la dent de la brebis. Il faut rechercher un équilibre entre la ressource arbustive et herbacée.

La période d'utilisation idéale est l'automne-hiver pour les glands, le printemps pour l'herbe et l'automne pour les repousses ; le cytise est appétent toute l'année.

Si l'on veut conserver ces secteurs pour accueillir les troupeaux qui arrivent en transhumance hivernale en décembre-janvier, il convient alors de ne pas les pâturer en automne pour pouvoir disposer ensuite du report de la repousse automnale sur pied pour l'hiver.

Ces maquis conviennent parfaitement à tous les animaux, ovins, caprins, bovins et équins. Les bovins et les caprins peuvent être introduits dans ces maquis appétents, même denses, sans débroussaillement initial.

PÂTURAGE PAR DES OVINS

L'ensemble de la ressource atteint en moyenne 600 jbp/ha/an mais peut s'élever jusqu'à 1 000 jbp/ha/an. Lorsque le couvert arbustif est trop dense, l'herbe se fait rare ; un petit complément en mélasse de 100 g/brebis/jour s'avère nécessaire.

Si la densité du cytise est trop importante, les arbustes sont devenus généralement trop hauts pour être accessibles aux ovins. Il est alors souhaitable de les rabattre au préalable par un débroussaillement mécanique et d'introduire le troupeau sur les repousses. L'introduction du troupeau doit se faire l'année même des travaux, sinon la croissance vigoureuse des rejets les rendrait très vite inaccessibles au brebis. La gestion en parc est nécessaire.

Conduite des ovins en parcs

- Taille des parcs : 20 à 30 ha
- Chargement : 15 à 40 brebis/ha
- Nombre de passages : 1 à 2 par an

18b

LES FRICHES COLONISÉES PAR LES CISTES

Les cistes, et surtout le ciste de Montpellier, s'installent sur sol profond en fonds de vallon et dépressions. Ce sont les seuls types de maquis bien enherbés naturellement. Ils font partie des meilleures zones pastorales des massifs cristallins méditerranéens, mais ils représentent des surfaces limitées.

Ces pelouses de qualité peuvent être utilisées comme "soupade" complétant la ration ligneuse prélevée dans les véritables maquis. Elles peuvent aussi être réservées pour retaper les animaux et assurer leurs besoins à des périodes clés de l'année, la lutte par exemple pour les brebis vides descendues en transhumance hivernale sur les pare-feu.

Mais ces friches sont aussi le secteur de prédilection de la tortue de Hermann, une espèce en voie de disparition et donc protégée. Leur gestion devra prendre en compte la protection de cette espèce, en particulier au niveau des risques que peut représenter l'utilisation de moyens mécaniques.

FRICHES COLONISÉES PAR LES CISTES

D'EXCELLENTES PELOUSES AU SEIN DES MAQUIS

Localisation : Étage méditerranéen jusqu'à 500 m - Principalement dans les Maures et l'Estérel.

Topographie : Pente faible. Exposition indifférente. Fonds de vallons, dépressions (plaine des Maures), terrasses, anciennes cultures.

Substrat : Siliceux.

Sol : profond.

Arbres : Présence possible de pin pignon (*Pinus pinea*), en particulier dans la plaine des Maures.

Arbustes : surtout le ciste de Montpellier *(Cistus monspeliensis)*, souvent accompagné des autres cistes *(C. salviaefolius, C. albidus)* et de la bruyère arborescente *(Erica arborea)*.
Recouvrement très variable ; jusqu'à 50-60% facilement pénétrable.

Au sol : Le feuillage clair des cistes permet de conserver un bon enherbement (60 à 100 % de recouvrement herbacé). La pelouse est dominée par des graminées pérennes : l'agrostide *(Agrostis castellana)*, le chiendent *(Cynodon dactylon)*, le dactyle *(Dactylis glomerata)*, la houlque *(Holcus lanata)* ; présence possible de brachypode *(Brachypodium pinnatum)* en conditions fraîches.
Les annuelles peuvent aussi être très présentes, en particulier certaines graminées : bromes *(Bromus madritensis, B. maximus)* et *Vulpia (V. myuros, V. dertonensis)* ; envahissement fréquent par la fougère-aigle *(Pteris aquilina)*.

VALEUR ET UTILISATION PASTORALE DES FRICHES COLONISÉES PAR LES CISTES

LES COMPOSANTES DE LA RESSOURCE

Ces maquis restent pénétrables et bien enherbés tant que les cistes n'atteignent pas un recouvrement de 50-60 %.

Le ciste de Montpellier étant non appétent, la ressource pastorale est essentiellement herbacée : elle se constitue d'abord de graminées pérennes qui épient plus tardivement que les annuelles. Sa qualité fourragère se maintient donc assez bien jusqu'au mois de mai en conditions climatiques moyennes. Cependant, un printemps sec accélère l'épiaison et affecte très fortement la production comme la gestion de ces pelouses. Le niveau moyen de production est de 1200 kg MS/ha au printemps et de 200 kg MS/ ha à l'automne. Ces friches de bonne qualité conviennent aussi bien à des ovins qu'à des bovins ou des caprins.

La gestion doit être de type prairial. Au printemps, deux passages ou plus, le premier devant avoir lieu dès le mois de mars en présence de graminées annuelles précoces, du genre *Vulpia* qui ne sont absolument pas consommées après épiaison. Si les pluies sont suffisantes, un pâturage de la repousse est possible en automne, entre octobre et décembre. Ce dernier passage peut être reporté en hiver (décembre-janvier), en particulier pour accueillir les troupeaux transhumants ; mais attention aux périodes pluvieuses, en particulier avec des animaux lourds qui risqueraient de dégrader la pelouse détrempée.

PÂTURAGE PAR DES OVINS

La qualité de la ressource permet de satisfaire sans complémentation les besoins du troupeau : entretien, retape, préparation à la lutte. Seul l'allaitement des agneaux nécessite un complément azoté.

Niveau de ressource en l'état :
- 400 à 800 jbp/ha au printemps,
- 100 jbp/ha à l'automne.

Le pâturage peut être géré en parc, avec des filets, ou en gardiennage.

Conduite des ovins en parcs

- Taille des parcs : 5 à 10 ha
- Chargement : 40 à 80 brebis/ha
- Nombre de passages : 2 à 3 au printemps, 1 en automne ou en hiver

PÂTURAGE DES BOVINS EN PARC

Pour des génisses de 150 à 250 kg, la ressource disponible permet de satisfaire leurs besoins de croissance sans apporter de complémentation.
Niveau de ressource pour des bovins :
- 80 à 140 journées/ha au printemps,
- 20 journées/ha en automne.

CONDUITE DES BOVINS EN PARCS
- Taille des parcs : 5 à 10 ha
- Chargement : 5 à 10 génisses/ha
- Nombre de passages : 2 à 5

L'impact mécanique des animaux lourds contribue à diminuer l'embroussaillement par les cistes.

INTERVENTIONS ET AMÉLIORATIONS PASTORALES

Elles ont pour but d'accroître la production, la qualité de l'herbe et d'avancer son démarrage au printemps. Elles visent également à diminuer l'embroussaillement par les cistes.

FERTILISATION

Un apport de 50 unités d'azote sous forme d'urée effectué à la mi-février permet de doubler le niveau de ressource. Mais le principal avantage recherché avec cette fertilisation est un démarrage de l'herbe plus tôt au printemps (gain de 2 à 3 semaines). Mais attention, une fertilisation seulement azotée risque de profiter d'abord aux graminées annuelles indésirables (les *Vulpia*). Elle doit donc obligatoirement être suivie d'une bonne gestion pastorale avec un premier passage précoce.
Une nouvelle fertilisation en septembre permet également une repousse plus précoce, seulement si elle est suivie de pluies suffisantes. À titre expérimental, des essais d'épandage de boues d'épuration apportant de l'azote et du phosphore sont actuellement effectués.

DÉBROUSSAILLAGE D'ENTRETIEN

Un bon enherbement accompagné du pâturage suffit à ralentir le développement des cistes. Seuls les bovins permettent de les réduire. Avec des ovins, un débroussaillement d'entretien est nécessaire tous les 4-5 ans pour satisfaire les exigences DFCI en zone stratégique et tous les 7-10 ans seulement pour maintenir l'intérêt pastoral du milieu. Si une fertilisation annuelle est effectuée, les débroussaillements d'entretien ne sont plus nécessaires après deux passages mécaniques. La concurrence herbacée suffit alors à empêcher le retour des cistes.

L'HABITAT PRIVILÉGIÉ DE LA TORTUE DE HERMANN

La tortue de Hermann est en voie de régression rapide.

En Provence, cette espèce est liée aux massifs cristallins méditerranéens où vivent encore quelques noyaux de population. Elle y fréquente les milieux ouverts et bien enherbés, en lisière des bois qui lui servent de refuge.

Sa régression actuelle est due essentiellement à l'abandon généralisé des activités agro-pastorales et à l'extension des incendies de forêt. En effet, le passage de l'incendie est d'autant plus néfaste pour les tortues que le milieu est plus embroussaillé.

Les taux de survie relevés après passage du feu dépendent directement de la densité du couvert arbustif initial : 30 à 70 % dans des milieux encore ouverts ou pâturés contre 12 à 25 % seulement dans les maquis denses ou forêts des Maures. L'abandon des activités agropastorales a donc considérablement aggravé les effets du feu depuis le siècle dernier.

Autre menace pour les tortues : le passage d'engins mécaniques qui broient le couvert végétal et la litière. L'impact est réel même en hiver car les tortues s'enterrent très superficiellement à proximité des buissons.

La protection des populations de tortues passe donc par la plus grande prudence dans l'emploi de moyens mécaniques. Avec une débroussailleuse manuelle à dos, on veillera à éviter le passage trop près du sol.
Lorsqu'il y en a l'opportunité, l'action des troupeaux reste la meilleure solution pour ouvrir et surtout entretenir le milieu.

LA CHÊNAIE VERTE

La chênaie verte est la formation caractéristique de l'étage méditerranéen.

Dans cet étage de végétation, le chêne vert accepte tous les substrats, il est présent dans les conditions les plus diverses. L'arbre est généralement peu élevé avec un port tortueux et branchu. Cependant, le chêne vert peut former de beaux arbres sur sol profond dans certains vallons.

Le chêne vert rejette facilement après coupe ou incendie : l'ensemble des rejets issus d'une même souche forme une cépée ou "matte". La chênaie verte a de tout temps été exploitée en taillis pour le bois de chauffage, mais aussi pâturée pour son feuillage, ses glands et l'herbe de ses clairières.

En fonction des conditions de sol, de l'exploitation passée et des incendies, la chênaie verte forme des taillis plus ou moins clairiérés, de hauteur variant entre 2 et 8 m.

LE TAILLIS DENSE où le recouvrement du chêne vert est supérieur à 60 %, avec présence de clairières qui ne communiquent pas entre elles, est difficilement exploitable en l'état par le troupeau. Le sous-bois est peu développé du fait de la faible quantité de lumière.

LE TAILLIS CLAIR avec un recouvrement de 25 à 60 % facilement pénétrable, est le plus intéressant pour le troupeau ; c'est en effet l'importance et l'accessibilité des clairières et la longueur totale des lisières qui déterminent l'intérêt pastoral.

LA GARRIGUE où le chêne vert forme des cépées isolées avec un recouvrement inférieur à 25 %. Son intérêt pastoral dépend aussi de la pelouse ou des arbustes présents au sol.

19

LA CHÊNAIE VERTE

DES TAILLIS PLUS OU MOINS CLAIRIÉRÉS

Localisation : étage méditerranéen jusqu'à 700 m ; en adret uniquement aux altitudes les plus élevées ; environ 100 000 ha en Région Provence-Alpes-Côte d'Azur (83 : 47 000 ha ; 84 : 25 000 ha ; 13 : 14 000 ha ; 04 : 9 000 ha ; 06 : 5 000 ha).

Substrat : tous substrats calcaires ou siliceux.

Topographie et sol : accepte toutes les conditions, à l'exception des dalles calcaires superficielles non fissurées et des sols asphyxiants.

Arbres : le chêne vert *(Quercus ilex)* est toujours très dominant. Il peut être accompagné de chêne pubescent (au-dessus de 400 m), de pin d'Alep *(Pinus halepensis)*, de filaires *(Phillyrea angustifolia, P. latifolia)*, d'érable *(Acer monspessulanum)*, d'arbousier *(Arbutus unedo)*…

Clairières :	**Arbustes (recouvrement 0 à 50%)**	**Au sol (recouvrement 20 à 50 %)**
en dessous de 400-500 m	chêne-kermès *(Quercus coccifera)*, romarin *(Rosmarinus officinalis)*, ciste cotonneux *(Cistus albidus)*, cade *(Juniperus oxycedrus)*.	brachypode rameux (*Brachypodium ramosum)*, souvent accompagné de stipe *(Stipa pennata)*, dactyle *(Dactilis glomerata)*, aphyllante *(Aphyllantes monspeliensis)*
au dessus de 400-500 m	buis *(Buxus sempervirens)*, cade et genévrier commun *(Juneperus communis)*	fétuque ovine *(Festuca ovina)*, carex humble *(Carex humilis)*, brome dressé *(Bromus erectus)* parfois accompagné de brachypode rameux, stipe, anthyllis vulnéraire *(Anthyllis vulneraria)*

Sous-bois : l'absence de lumière limite le développement de la strate arbustive : garance *(Rubia peregrina)*, *Osyris alba* ; mais les branches basses de chêne vert gênent la pénétrabilité. L'herbe est quasiment absente.

RESSOURCE ET UTILISATION PASTORALES

Le taillis dense, offrant peu de ressource accessible et difficilement pénétrable, présente peu d'intérêt pastoral en l'état. Dans les taillis bien clairièrés, les garrigues et landes, c'est la pénétrabilité de la strate arbustive qui conditionne l'intérêt pastoral.

LES COMPOSANTES DE LA RESSOURCE

L'intérêt pastoral de la chênaie verte dépend de la pénétrabilité du peuplement et de la complémentarité de ces différentes composantes : l'herbe des clairières, le feuillage et les glands.

L'herbe des clairières est disponible lors de la pousse annuelle de printemps (avril-mai) et de la repousse d'automne (octobre-novembre), très liée aux pluies de la fin de l'été. La chênaie verte n'est intéressante au printemps que si elle offre beaucoup de clairières bien enherbées. Si le brachypode rameux et le stipe dominent, leur pousse de printemps peut être reportée sur pied et pâturée en automne ou en hiver.

Le feuillage des branches basses du chêne vert, mais aussi des filaires, est bien consommable surtout en hiver. C'est dans le taillis bien clairiéré avec des longueurs de lisières importantes que le feuillage disponible est le plus abondant. Pour assurer le renouvellement de cette ressource, le taux de consommation doit se situer entre 30 et 50 % de la pousse arbustive annuelle.

Les glands, enfin, de grande valeur énergétique et protéique mais pauvres en fibre, peuvent représenter une ressource importante à l'automne mais très variable selon les pluies : 200 à 700 kg/ha. Il est indispensable que les animaux puissent compléter leur ration par des fourrages plus cellulosiques (feuilles du chêne vert ou herbe grossière).
Une fois tombés au sol, la valeur nutritive des glands se maintient quelques semaines sur sol sec et bien aéré.

C'est donc à l'automne que la chênaie verte offre la ressource la plus complète : glands, herbe verte, herbe grossière et feuillage arbustif ; à condition que la chasse ne pose de problème de cohabitation.

PÂTURAGE PAR LES OVINS

La ressource de la chênaie verte bien clairièrée s'élève à 200-500 jbp/ha... s'y ajoute la consommation de glands qui attirent les animaux en automne.

Ce type de parcours est à réserver aux animaux à l'entretien. La saison d'utilisation est possible de l'automne au printemps. Le mode de conduite le plus pratiqué est le gardiennage avec des effectifs importants (500 à 1000 brebis). Il est cependant rendu difficile par la pénétrabilité et la visibilité médiocres. La mise en parc facilite l'exploration du taillis et permet d'augmenter la consommation du chêne vert par les animaux qui peut s'effectuer jusqu'à 1,20 m de hauteur. En hiver, elle est facilitée par une complémentation avec un concentré permettant de stimuler l'appétit des animaux.

CONDUITE DES OVINS EN PARCS

- Taille des parcs : 20 à 50 ha
- Chargement : 15-30 brebis/ha
- Nombre de passages : 1 à 2 par an

PÂTURAGE PAR LES CAPRINS

Ce parcours boisé est particulièrement intéressant pour les caprins en été et en automne.

En taillis bien clairièré, la pousse annuelle du feuillage de chêne vert jusqu'à 2 m de hauteur accessible aux chèvres a été évaluée à environ 2 000 kg de MS/ha. La ressource s'élève à 200-500 journées pâturage y compris la complémentation pour des animaux qui ont toujours des besoins importants liés à la lactation ou à la gestation.

En été, lorsque les surfaces fourragères se font rares ailleurs, les chèvres consomment bien le feuillage du chêne vert qui constitue 90% de la ressource pâturée. La complémentation distribuée à l'auge permet d'assurer les niveaux de production de lait attendus. Le parcours sous la chênaie verte peut apporter jusqu'à 70 % des besoins totaux tout en maintenant un niveau moyen de lactation.
En automne, la glandaie est particulièrement recherchée pour les chèvres en fin de lactation ou taries ; un complément en fibre cellulosique (foin grossier) est prudent au retour du pâturage.

Pour éviter tout dégât sur l'écorce, le troupeau n'y est introduit qu'à la condition que le diamètre des brins soit supérieur à 10 cm et que l'écorce soit devenue rugueuse. Les bêtes ne doivent pas y chômer.

**LA GESTION SYLVO-PASTORALE
DU TAILLIS DE CHÊNE VERT**

ÉCLAIRCIE FORTE À OBJECTIF DFCI

Les massifs de chêne vert sont des peuplements à fort risque d'incendie. Dans le cadre de PIDAF, des grandes coupures à objectif DFCI y sont systématiquement implantées. Le troupeau peut contribuer à leur entretien.
Le traitement recommandé consiste à couper des cépées entières et à en conserver d'autres de façon à conserver un recouvrement de 20 %, dans un triple intérêt paysager, écologique et pastoral. Pour obtenir un pâturage efficace des rejets, il est nécessaire de conduire le troupeau en parc (ovins ou caprins) ou en gardiennage serré avec des effectifs importants (ovins). On pourra ensuite espacer les interventions mécaniques d'entretien du pare-feu.

Trois modes de gestion avec des ovins :
• 1 ou 2 passages, entre l'automne et le printemps sans complémentation : ressource disponible de 500-600 jbp/ha.
• 2 passages : le premier en hiver avec une complémentation (200 g de complément alimentaire/brebis/jour, soit 20 % des besoins) et le 2ème passage au printemps non complémenté ; ressource totale disponible, y compris la complémentation : 1 000 jbp/ha.
• En parc de nuit (5 ha pour 800-1 500 brebis pendant 1 mois et demi), on contrôle totalement les rejets.

ÉCLAIRCIE PAYSAGÈRE

Dans certains massifs très fréquentés, en particulier près des grandes villes, on cherche à améliorer l'ambiance paysagère du taillis dense tout en préservant son avenir forestier. Pour cela, on enlève les brins dominés ou ceux qui gênent dans chaque cépée, ainsi que quelques cépées entières de façon à obtenir une densité de 800 à 1 000 tiges/ha. La croissance des brins restant est stimulée. Le broyage des rémanents est nécessaire. Cette éclaircie est peu rentable étant donné le faible volume de bois retiré.

On atteint un recouvrement arboré de 50 à 70 % favorisant l'exploration par le troupeau. Cependant, un objectif pastoral prioritaire demanderait de pratiquer une éclaircie plus forte.

Tout aménagement devra prendre en compte les pratiques de chasse : clôture escamotable.

GESTION SYLVICOLE DU TAILLIS DENSE

Les taillis de chêne vert sont le plus souvent exploités en coupe à blanc pour le bois de chauffage tous les 40 ans ou plus. L'objectif du gestionnaire est de préserver l'avenir de tous les rejets. Le pâturage est donc à proscrire pendant 3 à 5 ans.
Ensuite, l'introduction d'un troupeau ovin est possible au printemps et en automne afin d'exploiter la ressource herbacée et les glands. Cependant, l'abondance des rémanents de coupe peut faire obstacle.
Progressivement, le taillis se referme et devient de moins en moins attractif pour le troupeau.

CHASSE

Les massifs de chêne vert sont riches en gibiers, particulièrement les sangliers mais aussi le petit gibier dans les peuplements clairs (perdreaux, lièvres et bécasses). La prise en compte des pratiques des chasseurs est importante dans tout projet d'aménagement.

LA CHÂTAIGNERAIE

En région Provence-Alpes-Côte d'Azur, la châtaigneraie couvre de faibles superficies (3 000 hectares), essentiellement dans le massif des Maures dans le Var, mais aussi dans quelques vallées des Alpes Maritimes, et sur le plateau d'Albion.

Le châtaignier est une espèce calcifuge. Il s'installe soit sur des substrats siliceux, soit à la faveur de poches de décalcification au sein de massifs calcaires.

Le châtaignier se développe dans l'étage supra-méditerranéen. C'est l'implantation de vergers qui l'a étendu également dans le haut de l'étage méditerranéen.

Les châtaigneraies forment des vergers généralement implantés sur les sols profonds des terrasses ou des vallons. Parmi ces vergers, beaucoup sont abandonnés aujourd'hui ou transformés en taillis de moindre intérêt pour le troupeau. Ceux encore entretenus offrent un très grand intérêt pastoral grâce à l'herbe de qualité et les châtaignes.

LA CHÂTAIGNERAIE

UN VERGER PASTORAL

Localisation : massifs cristallins. Étage surtout supra-méditerranéen mais aussi haut de l'étage méditerranéen : de 200 à 1000 m d'altitude.

Topographie : vallons, ubacs, souvent sur terrasses mais aussi sur pente même forte.

Substrat : tous substrats non calcaires, ou calcaires décalcifiés.

Sol : profond.

Arbres : les **châtaigniers** *(Castanea sativa)* forment le plus souvent des vergers ou d'anciens vergers avec des arbres fruitiers de grandes tailles ; parfois en formation de taillis. En mélange possible avec chêne pubescent *(Quercus pubescens)*, pin maritime *(Pinus pinaster)*. Recouvrement 40 à 60 % dans un verger entretenu et jusqu'à 80 % dans un verger abandonné ou un taillis.

Arbustes : absents du verger entretenu. La châtaigneraie abandonnée s'embroussaille complètement avec : arbousier *(Arbutus unedo)*, calycotome *(Calycotome spinosa)*, cytise triflore *(Cytisus triflorus)*, grand genêt d'Espagne *(Spartium junceum)*, ronce *(Rubus ulmifolius)*.

Au sol : la strate herbacée est bien développée et riche dans un verger entretenu ou peu embroussaillé (recouvrement 60 à 100 %) ; flouve odorante *(Anthoxantum odoratum)*, canche *(Deschampsia flexuosa)*, brachypodes *(Brachypodium sylvaticum, B. pinnatum, B. phoenicoïdes)*, fétuques *(Festuca heterophylla, F. rubra)*, houlque laineuse *(Holcus lanata)*, agrostide *(Agrostis castellana)*, fléole noueuse *(Phleum nodosum)* et nombreuses légumineuses : vesces *(Vicia)*, gesses *(Lathyrus)*, genêts *(Genista sagittalis, G. pilosa)*, trèfles *(Trifolium sp.)*. Présence fréquente de la fougère-aigle *(Pteridium aquilinum)*.

RESSOURCE ET UTILISATION PASTORALES DE LA CHÂTAIGNERAIE

En verger entretenu ou peu embroussaillé (recouvrement arboré d'environ 50 %), la ressource est diversifiée grâce à une herbe de qualité riche en légumineuses et aux châtaignes. Le pâturage par le troupeau participe à l'entretien du verger.

La châtaigneraie permet de nourrir toutes les espèces animales, ovins, caprins, bovins, et de satisfaire toutes les fonctions des animaux. Deux passages peuvent être effectués au printemps, le 1er fin mars ou avril, le 2ème fin mai ou juin : pour des brebis, les ressources atteignent environ 900 jbp/ha.

La repousse herbacée en automne est aléatoire selon les pluies mais les châtaignes fournissent une ressource régulière en octobre-début novembre : pour des brebis 500 à 1000 jbp/ha.

Conduite des ovins en parcs
- Taille des parcs : petits, de 1 à 5 ha
- Chargement : 50 à 100 brebis/ha
- Nombre de passages : 3 par an.

Attention aux risques de dégradation sur terrasses !

Dans un verger embroussaillé, plus fermé, à ambiance plus forestière, la ressource arbustive compense en partie la baisse de la strate herbacée.

Le premier passage doit être repoussé à la fin du printemps ou en été, époque où le troupeau valorise bien la ressource arbustive. Un retour en automne est possible mais la production de châtaignes est moindre. Un chargement fort permet de contrôler et de réduire les repousses arbustives, avec un risque d'épuisement. Si la lumière au sol est suffisante, la strate herbacée s'améliorera.

Ce type de parcours boisé et embroussaillé convient bien à des caprins et à des bovins. Si l'on introduit un troupeau ovin, un débroussaillement initial permettra de ramener la ressource à disposition des animaux.

Dans un taillis, le troupeau perd sur tous les tableaux : peu d'herbe, peu de châtaignes. L'ombre en fait cependant une estive locale possible.

Les taillis de châtaigniers ont peu d'intérêt pastoral en l'état et les surfaces très faibles qu'ils couvrent en Provence justifient peu la mise en oeuvre d'éclaircies sylvopastorales. Sur le plan sylvicole, son bois, de belle venue, n'est pas utilisé.

PETITE FLORE
à l'usage des pastoralistes

Arbres des alpages

Mélèze *(Larix decidua)*

Mélèze *(Larix decidua)*

Pin à crochet *(Pinus uncinata)*

Arbres des milieux préalpins

Chêne pubescent *(Quercus pubescens)*
ou chêne blanc

Pin sylvestre *(Pinus sylvestris)*

Chêne pubescent *(Quercus pubescens)*
ou chêne blanc

Pin sylvestre *(Pinus sylvestris)*

Pin noir
(Pinus nigra ssp. nigricans)

ARBRES DES MILIEUX MÉDITERRANÉENS

Pin d'Alep *(Pinus halepensis)*

Pin pignon *(Pinus pinea)*
ou pin parasol

Érable de montpellier
(Acer monspessulanum)

Arbres des milieux méditerranéens

Chêne liège
(Quercus suber)

Châtaignier
(Castena sativa)

Chêne vert *(Quercus ilex)*

Chêne vert *(Quercus ilex)*

ARBUSTES DES ALPAGES

Genévrier nain *(Juniperus communis ssp. nna)*

Rhododendron *(Rhododendron ferrugineum)*

ARBUSTES DES MILIEUX PRÉALPINS

Alisier blanc *(Sorbus aria)*

Amélanchier *(Amelanchier ovalis)*

Aubépine *(Crataegus monogyna)*

Buis *(Buxus sempervirens)*

ARBUSTES DES MILIEUX PRÉALPINS

Chèvrefeuille *(Lonicera xylosteum)*

Cornouiller sanguin
(Cornus sanguinea)

Cytise à feuille sessile
(Cytisus sessilifolius)

Églantier
(Rosa canina)

Arbustes des milieux préalpins

Genévrier commun
(Juniperus communis)

Genêt cendré *(Genista cinerea)*

Genêt piquant
(Genista hispanica)

Lavande fine
(Lavandula vera)

Arbustes des milieux préalpins

Noisetier *(Corylus avellana)*

Sumac *(Cotinus coggygria)*

Arbustes des garrigues

Ajonc à petite fleur
(Ulex parviflorus)

Buplèvre
(Bupleurum fruticosum)

Cade
(Juniperus oxycedrus)

Chêne kermès
(Quercus coccifera)

ARBUSTES DES GARRIGUES

Filaire à feuille large
(Phyllirea latifolia)

Filaire
à feuille étroite
(Phyllirea angustifolia)

Grand genêt d'Espagne
(Spartium junceum)

Romarin
(Rosmarinus officinalis)
et
Grande coronille
(Coronilla emerus)

Arbustes des maquis

Arbousier
(Arbutus unedo)

Ciste cotonneux
(Cistus albidus)

Ciste à feuille de sauge
(Cistus salviaefolius)

Ciste de Montpellier
(Cistus monspeliensis)

Arbustes des maquis

Bruyère arborescente
(Erica arborea)

Fougère-aigle
(Pteris aquilina)

Pistachier terebenthe
(Pistacia terebenthus)

Plantes herbacées des alpages

Carex sempervirens

Elyna queue de souris
(Elyna myosuroïdes)

Sainfoin de montagne
(Onobrychis montana)

Trèfle alpin
(Trifolium alpinum)

PLANTES HERBACÉES DES PARCOURS

Anthyllide de montagne
(Anthyllis montana)

Anthyllide vulnéraire
(Anthyllis vulneraria)

Aphyllante de Montpellier
(Aphyllantes monspeliensis)

PLANTES HERBACÉES DES PARCOURS

Carex humble
(Carex humilis)

Brome dressé
(Bromus erectus)

Dactyle
(Dactylis glomerata)

Dorycnium suffruticosum
("Badasse")

PLANTES HERBACÉES DES PARCOURS

Genêt poilu *(Genista pilosa)*

Koelérie du Valais
(Koeleria valesiaca)

Psoralée bitumineuse *(Psoralea bituminosa)*

Stipe penné
(Stipa pennata)

GRAMINÉES

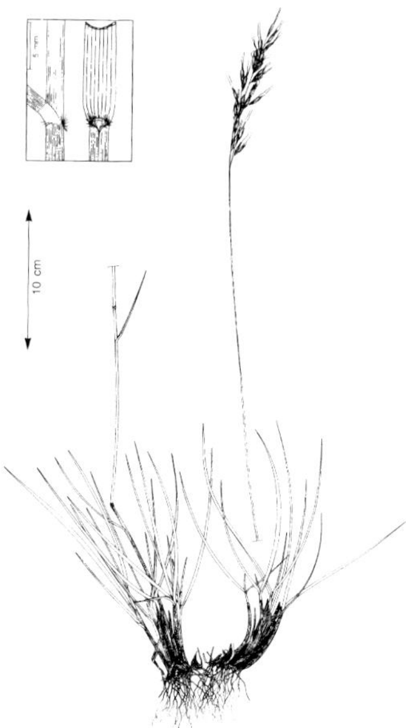

Avoine de montagne *(Avena montana)*

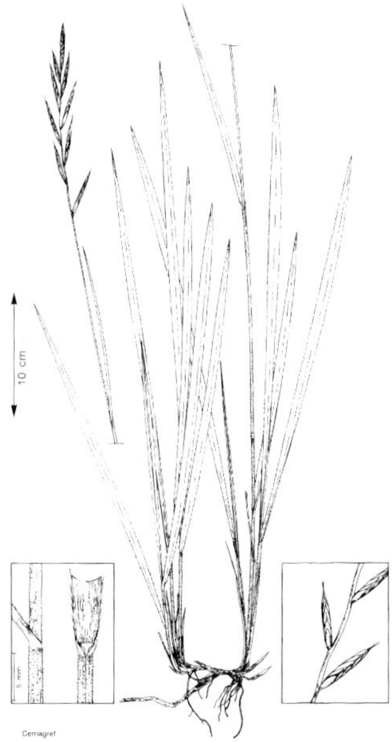

Brachypode penné *(Brachypodium pinnatum)*

Brachypode de Phénicie *(B. phoenicoides)*

Brachypode rameux *(B. ramosum)*

GRAMINÉES

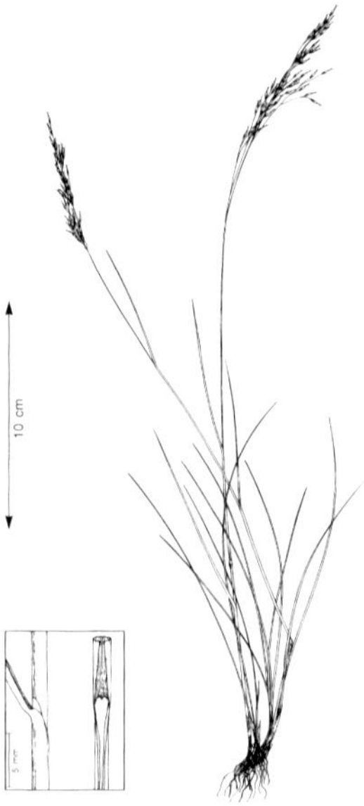

Canche *(Deschampsia flexuosa)*

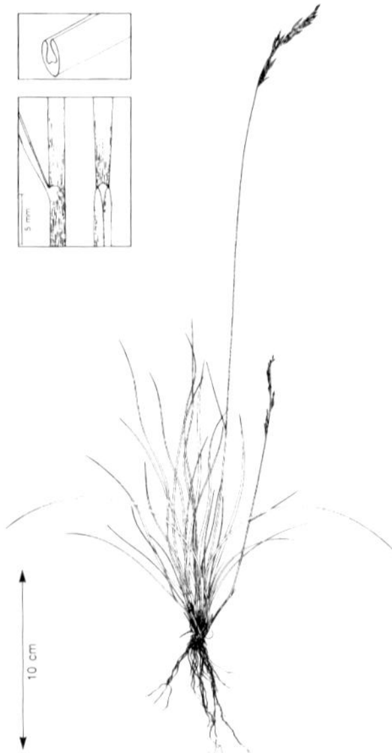

Fétuque ovine *(Festuca ovina)*

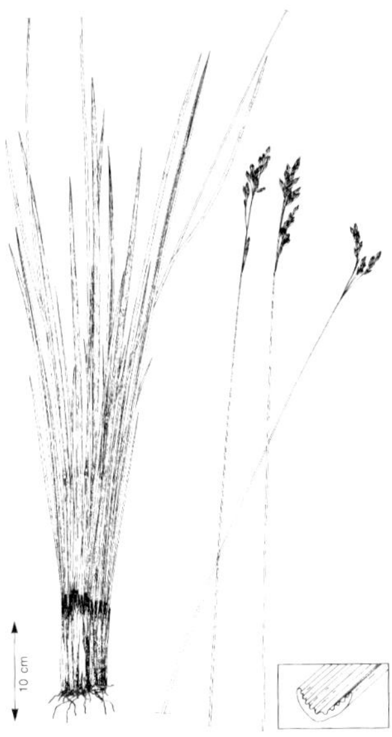

Fétuque paniculée *(F. paniculata)*

Fétuque rouge *(F. rubra)*

GRAMINÉES

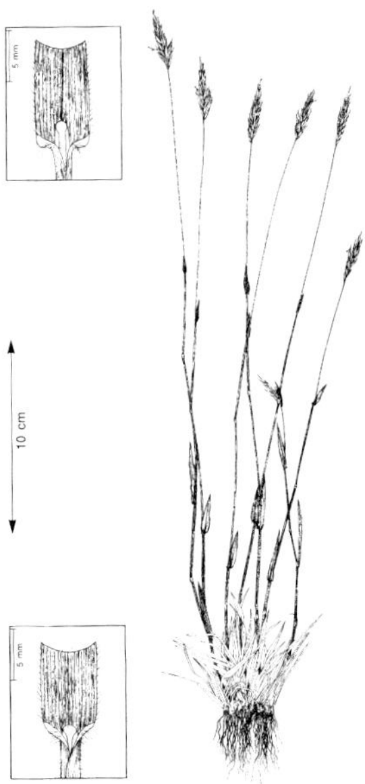

Flouve *(Anthoxanthum odoratum)*

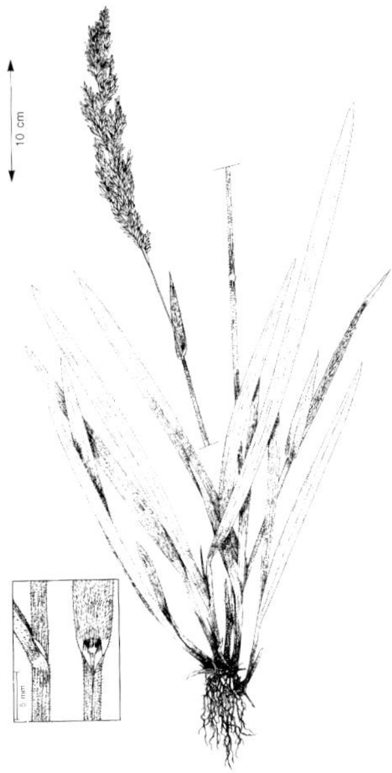

Houlque laineuse*(Holcus lanata)*

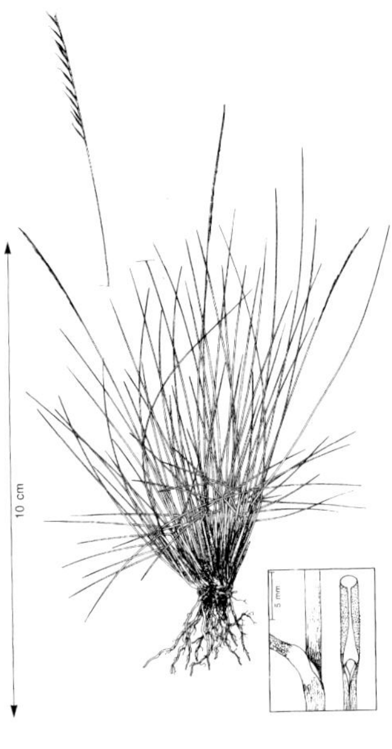

Nard *(Nardus stricta)*

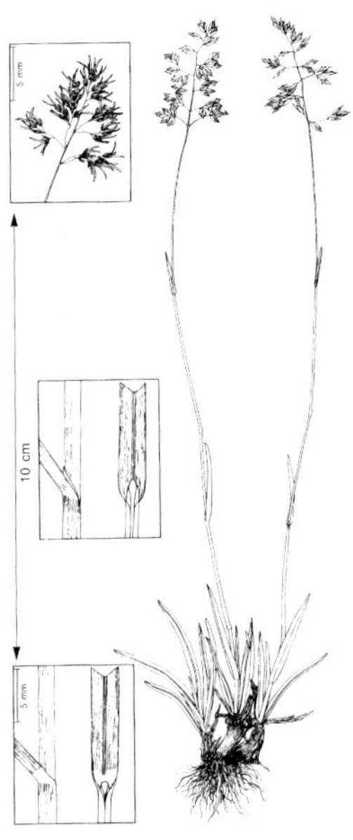

Pâturin alpin*(Poa alpina)*

GRAMINÉES

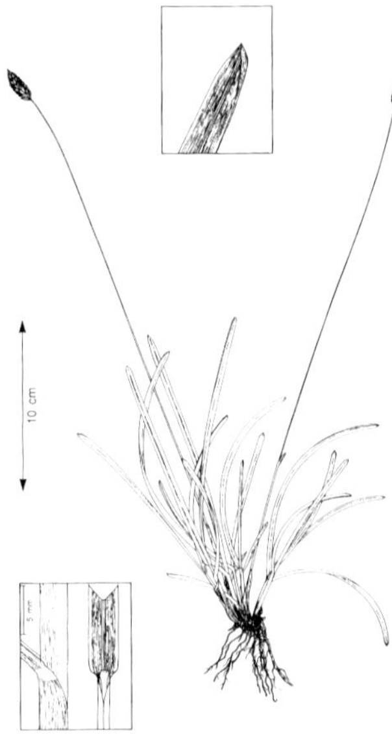

Seslérie *(Sesleria coerulea)*

Vulpin *(Alopecurus gerardii)*

INDEX DES ESPÈCES VÉGÉTALES CITÉES DANS L'OUVRAGE

Les chiffres **en gras** renvoient aux pages où l'espèce considérée est abordée comme caractéristique. [NB : ***sq.*** = *et pages suivantes...*]

LEXIQUE

DES PRINCIPAUX SIGLES ET TERMES TECHNIQUES UTILISÉS DANS CET OUVRAGE

Les mots en ITALIQUE relèvent d'un langage usuel et dans certains cas, typiquement provençal.

Dans les définitions, *les exemples sont également donnés en italique.*

AIGUIER : citerne traditionnelle coiffée d'une construction en pierre sèche en forme de borie (voir ce mot).

AMBIANCE : ambiance sèche, humide, lumineuse : caractérise le facteur écologique principal d'une formation végétale.

APPÉTENT : espèce appétissante pour les animaux au pâturage.

ARBORÉ (strate, recouvrement) : essences ligneuses de plus de 2 mètres de hauteur.

ARBUSTIF (strate, recouvrement) : espèces ligneuses jusqu'à 2 mètres de hauteur, à l'exception des petits ligneux pris en compte dans le recouvrement "au sol".

AVIFAUNE : ensemble des oiseaux sauvages.

BALIVEAUX : tiges conservées lors d'une éclaircie forte au sein d'un peuplement forestier

BANQUETTE (*OU BANCAOU*) : voir *RESTANQUE.*

BAOUQUE : terme employé par les bergers pour désigner l'herbe grossière, en particulier *les brachypodes.*

BIAIS : axe de déplacement privilégié d'un troupeau ovin dicté par les obstacles dûs au relief ou à la végétation

BIOCÉNOSE : voir ÉCOSYSTÈME

BIODIVERSITÉ : (voir page 16)

BIOTOPE : voir ÉCOSYSTÈME.

BORIE : cabane pastorale ronde traditionnelle en pierre sèche.

BROUTARD : agneau ou veau élevé à l'herbe.

CALCICOLE / CALCIFUGE : se dit d'une espèce qui recherche un sol calcaire ou au contraire, le fuit. Ce comportement peut être préférentiel ou strict.

CEPEE : ensemble des tiges issues d'une même souche après une coupe dans un taillis : une *cépée de chêne vert* ou *matte.*

CHABLIS : dégats provoqués par une tempête dans un peuplement forestier (arbres cassés, déracinés...).

CHARGEMENT : nombre d'animaux à l'hectare.

CHARGEMENT INSTANTANÉ : c'est le nombre d'animaux à l'hectare que l'on met à un instant donné sur un parcours. Il s'exprime en brebis/ha ou Bovins/ha.

CHARGEMENT TOTAL : nombre d'animaux à l'hectare cumulé sur une période (une saison ou une année). Il s'exprime en brebis/ha/an ou en besoin/ha/an.

CHOME : lieu où se reposent les ruminants dans le courant de la journée ; caractérisé par une végétation nitrophile (voir ce mot) : également appelé reposoir.

CLIMAX : (voir page 15)

COLLET : base du tronc ou de la tige d'une espèce végétale.

COMPLÉMENTATION : apport d'aliments complémentaires aux animaux au paturage.

COUREUR (AGNEAU) : agneau élevé à l'herbe.

CROUPE : sommet ou relief convexe arrondi.

Cultivar : variété commerciale d'une espèce de culture (*trèfle souterrain, Clare, Trikkala*).

Défens (mise en) : interdiction au pâturage (matérialisée ou non par une clôture).

D.F.C.I. : Défense de la **F**orêt **C**ontre les **I**ncendies.

Draille : sentier ou passage ouvert par un troupeau (le plus souvent des brebis).

Ecobuage : brûlage volontaire traditionnel de la végétation. Lorsqu'il est pratiqué par des professionnels, il est appelé brûlage dirigé.

Ecosystème : unité écologique constituée d'un espace soumis à certaines contraintes écologiques (biotope), et de l'ensemble des êtres vivants liés à cet espace (biocénose). Voir page 13.

Entretien (animaux à l'entretien) : se dit d'animaux n'ayant que des besoins peu élevés, par opposition aux animaux en gestation, en lactation, en croissance...

Facies : variante d'une formation végétale caractérisée et désignée par une ou deux espèces dominantes.

Formation (végétale): unité de végétation caractérisée par un groupe d'espèces dominantes.

Futaie : Formation boisée d'arbres de haut fût (tronc jusqu'aux premières branches) généralement issus de semences.

Garrigue : formation arbustive généralement dense sur terrain calcaire dans l'étage méditerranéen : *garrigue à chêne kermès (= GARRIC en provençal), à romarin, à argeras (ajonc à petites fleurs), à ciste.*

Gazon : terme employé par certains bergers pour désigner l'herbe fine et rase, par exemple : *fétuque ovine, carex humble, pâturin bulbeux.*

Habitat : chaque espèce animale comme végétale occupe un habitat écologique défini par les conditions écologiques qui lui sont favorables. (voir page 13).

Héliophile : qui aime la lumière ; se dit d'un milieu en ambiance lumineuse, découverte ; se dit aussi d'une espèce qui a besoin de lumière pour germer et se développer.

Herbacé (strate, recouvrement) : espèces ne présentant pas de tige ligneuse ; sont assimilées à la strate herbacée dans cet ouvrage les petites espèces ligneuses au feuillage appétent *(Dorycnium, genêt poilu).* Le recouvrement "au sol" désigne ici la strate herbacée et la strate ligneuse basse non appétente (*thym, lavande, Genista hispanica*).

Herbassier **(système)** : système d'élevage ovin extensif basant l'alimentation du troupeau sur des places d'herbe successives tout au long de l'année.

Houppier : ensemble des branchages d'un arbre constituant la cime.

Hydrophile : se dit d'un milieu en ambiance humide ou d'une espèce qui a besoin d'humidité.

Hygrophyle : se dit d'un milieu en ambiance très humide, ou d'une espèce qui a besoin de la présence de l'eau.

Impluvium : réserve d'eau creusée dans le sol et alimentée par l'écoulement naturel des eaux de pluie.

Intermédiaire (Mode) : se dit d'un milieu de montagne qui reste enneigé 5 à 7 mois par an ; correspond à des *pelouses mésophiles.*

Jas : bergerie traditionnelle.

Lande : formation arbustive plus ou moins dense, généralement désignée par l'arbuste dominant : *lande à genêt, à genevrier, à buis.* Le terme de "lande" est plutôt utilisé là où le climat méditerranéen est atténué (Préalpes, montagne).

Maquis : formation arbustive généralement dense sur terrain siliceux dans l'étage méditerranéen : *maquis bas à cistes, maquis haut à bruyères.*

Matière Sèche : voir Phytomasse.

Matte : cépée (voir ce terme).

MÉSOPHILE : se dit d'un milieu en ambiance fraîche, c'est-à-dire intermédiaire entre la sècheresse et l'humidité, ou d'une espèce qui a besoin de ces conditions.

MESSICOLE (PLANTE) : plante annuelle spontanée liée aux terres cultivées.

MODE : voir INTERMÉDIAIRE, NIVAL, THERMIQUE.

MONTAISON (STADE) : montée de la tige florale d'une graminée. Précède l'épiaison.

MORAINE : relief de forme particulière constitué par l'accumulation des roches et de la terre déposées par un glacier.

NITROPHILE : milieu caractérisé par un apport important d'azote, dû en particulier aux déjections des animaux ; espèce adaptée à ces milieux.

NIVAL (MODE) : se dit d'un milieu de montagne où la neige reste présente très longtemps, plus de 7 mois par an ; il s'agit généralement de situations topographiques concave telles que *combes, fonds de vallon.*

OMBROPHILE : qui aime l'ombre ; se dit d'un milieu en ambiance forestière, ou plus rarement en situation topographique très encaissée, ou d'une espèce qui a besoin de ces conditions (= sciaphile).

PARCELLAIRE : découpage en propriétés *(parcellaire morcelé).*

PARCOURS : terrain de pâturage non cultivé et non fauché. C'est plus un terme technique qu'un mot traditionnel des bergers. En région méditerranéenne, les terrains de parcours sont rarement des prairies permanentes et comprennent presque toujours des ligneux plus ou moins abondants. On pourra parler de *parcours boisé* lorsque le pâturage se déroule sous peuplement de chênes, châtaigniers, pins, mélèzes, de *parcours amélioré* lorsqu'une intervention technique aura permis d'accroître la ressource accessible.

PASTORALISME : discipline technique qui s'occupe de la conduite des troupeaux sur parcours.

PELOUSE : formation herbeuse rase ou peu élevée. Elle peut recouvrir tout le sol (*pelouse dense ou fermée*) ou laisser apparaître des plages de cailloux et de terre plus ou moins importantes *(pelouse écorchée ou ouverte ou encore substeppique)*. Sur un versant en pente marquée, strié par de nombreux sentiers ou *drailles* dans le sens des courbes de niveaux, au bord desquels sont disposées les touffes d'herbe, on parlera de *pelouse en feston ou en gradin.* La pelouse peut renfermer des touffes ligneuses basses *(thym, lavande, myrtille...)* et être piquetée de buissons espacés *(buis, genévrier, genêt...) : pelouse embroussaillée.*

Phenologie : calendrier des stades physiologiques successifs d'une espèce végétale.

Phytocide : Produit de traitement chimique visant à éliminer tout ou partie de la végétation.

Phytomasse : c'est la masse végétale d'herbe *(phytomasse herbacée)* ou de feuillage accessible au troupeau *(phytomasse arbustive)* produite en une année ou une saison sur une surface donnée. Elle s'exprime en kilogramme de Matière Sèche par hectare et par an (ou par saison) : **kg MS/ha/an** (ou kg MS/ha/saison) — ce qui correspond une dessication (à l'étuve) de l'ordre de 80 %.

Phytovolume arbustif : c'est l'encombrement arbustif dans l'espace. On l'évalue en multipliant un recouvrement sur une surface donnée (par exemple un recouvrement moyen de 50 % sur une surface d'1 hectare équivaut à une surface couverte par les arbustes de 5000 m^2) par une hauteur en mètre (si la strate arbustive en question mesure 0,5 m en moyenne de haut, elle occupera un volume de 5000 x 0,5 = 2500 m^3). L'unité employée est le m^3/ha. Cette donnée sert en particulier d'indicateur de risque de propagation d'incendie.

P.I.D.A.F. : **P**lan **I**ntercommunal de **D**ébroussaillement et d'**A**ménagement **F**orestier.

Pierrier : accumulation naturelle ou artificielle *(clappas)* de pierres.

Poudingue : substrat constitué de galets pris dans un ciment calcaire.

Prairie : formation herbeuse dense et haute, généralement fauchée. Lorsque la fauche n'est plus pratiquée et est remplacée par le pâturage, on parlera parfois de PELOUSE à la place de prairie ; par exemple, on dit de façon indifférenciée *prairie à fétuque paniculée* ou *pelouse à fétuque paniculée.*

PRESSION (DE PÂTURAGE) : niveau de prélèvement d'un troupeau sur la végétation. La pression de pâturage peut être évaluée selon une échelle de 0 à 5 (voir page 40)

PYROPHILE : se dit d'une espèce qui "aime" le feu. Il s'agit d'espèces bien adaptées au passage du feu, favorisées par le feu dans leur concurrence avec les autres espèces, soit parce que le feu favorise la germination de leurs graines *(cistes, pin d'Alep)*, soit parce qu'elles rejettent bien de souche après passage du feu *(bruyères, genêt cendré, buis, brachypode penné, chêne kermès)*. Ces espèces dominent souvent au sein de formations que l'on pourra qualifier de "formations pyrophiles" : *garrigues, maquis.*

RACLAGE (INDICE DE) : pression de pâturage (voir ce mot)

RECOUVREMENT : portion du sol couvert par une strate de végétation. Le recouvrement doit s'apprécier selon une perspective verticale et non oblique (pour éviter une surestimation due à la parallaxe).

REFUS : espèce non ou peu consommée au pâturage.

RÉMANENT DE COUPE : branchages restant sur place après enlèvement du bois lors d'une coupe.

RESSOURCE PASTORALE : capacité de chargement total en bétail d'un parcours. On l'exprime en JOURNÉES-D'UNE-BREBIS-AU-PÂTURAGE/HA/SAISON, ou plus couramment en JOURNÉES-D'UNE-BREBIS-AU-PÂTURAGE/HA/AN (**JBP/HA/AN**), ou encore en JOURNÉES-D'UN-BOVIN-AU-PÂTURAGE/HA/AN. Par exemple, la ressource de tel parcours est égale à 200 jbp/ha/an signifie que 200 brebis pourront se nourrir sur 1 hectare pendant 1 journée dans l'année, ou bien que 20 brebis pourront se nourrir sur 1 hectare pendant 10 jours dans l'année, ou encore que 50 brebis pourront se nourrir sur 5 hectares pendant 20 jours dans l'année.

RESTANQUE : terrasse de culture retenue par un muret (= BANQUETTE, *BANCAOU)*

RETAPE : récupération de poids et d'état physiologique par des animaux ayant maigri

SCIAPHILE : voir OMBROPHILE.

Serre *:* petite croupe couverte d'une pelouse rase dans le Sisteronnais et le Buëch.

Soupade *:* "repas" complémentaire pris par la brebis sur une culture fourragère pendant un temps limité avant ou après une journée de pâturage sur parcours.

Sous-pâturage : gestion pastorale inadaptée consistant en un prélèvement partiel de la ressource pastorale, et à une dégradation pastorale par développement des espèces herbacées les plus agressives et des arbustes au détriment des meilleures espèces. On peut observer en même temps sur une même parcelle un sous-pâturage et une surfréquentation se traduisant simultanément par une érosion superficielle et un embroussaillement.

Steppe : écosystème de pelouse éparse, arbrisseaux et cailloux où la forêt ne peut se développer naturellement.

Strate : ensemble de végétation répartie selon sa structure et sa hauteur : *strate herbacée, strates arbustives* de différentes hauteurs, *strate arborescente.*

Suberaie : boisement de chêne liège.

Substeppique : formation végétale d'apparence steppique, mais due à l'action humaine.

Substrat : type de roche en dessous du sol.

Surfréquentation : passage répétitif des animaux provoquant une dégradation du sol.

Surpâturage : gestion pastorale inadaptée aboutissant à une dégradation du parcours (sol et/ou strate herbacée) par un chargement trop important. La dégradation est le plus souvent due à un piétinement excessif, causé par un passage répété du troupeau au même endroit (surfréquentation) entraînant une érosion superficielle, mais elle peut aussi résulter d'un prélèvement excessif, plus rarement observé, d'un troupeau stationné trop longtemps sur la même parcelle entraînant une érosion superficielle ou une disparition des espèces les plus appétentes (surpâturage proprement dit).

Tardon : agneau élevé à l'herbe en alpage.

Thermique (Mode) : se dit d'un milieu de montagne faiblement enneigé, qui déneige tôt (moins de 5 mois de neige) : *pentes fortes, crêtes, "pelouses de mode thermique"*.

Thermophile : se dit d'un milieu en ambiance chaude, ou d'une espèce qui a besoin de chaleur.

Ubiquiste : espèce pouvant se développer dans une grande amplitude de conditions écologiques. Ainsi le *pin sylvestre* peut se trouver aussi bien en condition xérophile que mésophile.

Valeur fourragère : qualité fourragère spécifique d'une espèce donnée.

Valeur pastorale : qualité fourragère d'un pâturage, calculée en tenant compte de sa composition botanique et de la valeur fourragère de chaque espèce qui le compose.

Vassieu : dans un troupeau ovin, lot d'animaux à besoins faibles ou moyens, en particulier d'un lot de femelles vides, ayant fini d'allaiter et pas encore préparées à la lutte suivante.

Xérophile : se dit d'un milieu en ambiance sèche, ou d'une espèce qui a besoin de sécheresse.

REMERCIEMENTS

PERSONNES AYANT CONTRIBUÉ AU CONTENU DE L'OUVRAGE :

- **AMANDIER Louis**, CRPF (Marseille) : *formations boisées méditerranéennes*
- **ARNAUD Marie Thérèse**, CERPAM : *milieux méditerranéens ; conduite des troupeaux sur parcours*
- **BARON Dominique**, CERPAM Alpes de Haute-Provence : *milieux préalpins ; équipements pastoraux*
- **BERNARD-LAURENT Ariane**, ONC : *avifaune de montagne*
- **BESSON Jean-Marc**, retraité ONF Hautes-Alpes : *pin noir*
- **BEYLIER Bénédicte**, CERPAM Vaucluse : *milieux méditerranéens et préalpins ; conduite des troupeaux sur parcours*
- **BLANCHET Michel**, Parc Naturel Régional du Queyras : *alpages*
- **BOUTIN Jean**, CEEP - Ecomusée de la Crau: *avifaune de Crau*
- **CALES Guy**, ONF Embrun : *mélézin*
- **CHEYLAN Marc**, École Pratique des Hautes-Etudes (Montpellier) : *tortue de Hermann*
- **COPPEL Bernard**, écologue : *landes et pelouses préalpines*
- **COUDOUR René**, SIME (Perpignan) : *maquis*
- **DECAIX Gérard**, ONF Alpes de Haute-Provence : *pin sylvestre*
- **DUREAU Rémi**, CERPAM : *milieux méditerranéens ; les espaces naturels : des ressources pastorales pour les troupeaux*
- **ETIENNE Michel**, INRA-SAD (Montfavet) : *maquis ; interventions sur les espaces naturels en vue de leur amélioration pastorale*
- **GALLARDO Max**, Parc Naturel Régional du Luberon : *avifaune sur garrigues*
- **GARDE Laurent,** CERPAM : *milieux préalpins ; les espaces naturels : quelques notions d'écologie*
- **GOURC Jacques**, ONF Bouches-du-Rhône : *garrigue et chênaie verte*
- **HUBERT Daniel**, INRA : *coussou de Crau*
- **JOUGLET Jean-Pierre**, CEMAGREF de Grenoble : *alpages*
- **LADIER Jean**, CEMAGREF d'Aix-en-Provence : *chênaie verte*
- **LEGEARD Jean-Pierre**, CERPAM : *les autres fonctions des espaces naturels : vers un aménagement multi-usages*

- **LEROY André**, berger, Hautes-Alpes : *alpages ; la conduite des troupeaux en estive sur les alpages*
- **MEURET Michel**, INRA-SAD (Montfavet) : *complémentation des animaux sur parcours*
- **MILLAT Claire**, Association des Communes Forestières du Var : *maquis*
- **MSIKA Bruno**, écologue : *pin noir*
- **ORSINI Philippe**, Muséum d'Histoire Naturel de Toulon : *vipère d'Orsini*
- **PROUST François**, éleveur en Crau : *coussou de Crau*
- **QUIBLIER Michèle**, CERPAM Hautes-Alpes : *alpages ; la conduite des troupeaux en estive sur les alpages*
- **RIGOLO Eric,** INRA Sylviculture : *interventions sur les espaces naturels en vue de leur amélioration pastorale*
- **SANTELLI Jean**, ONF Var : *sylviculture du chêne liège et du chêne pubescent*
- **SAVINI Isabelle**, Chargée d'études INRA-SAD Versailles : *alpages ; la conduite des troupeaux en estive sur les alpages*
- **SENN Olivier**, écologue : *milieux préalpins et alpages*
- **THAVAUD Pascal**, CERPAM Var : *milieux méditerranéens*

❐ CRÉDIT PHOTOGRAPHIQUE :

- ARNAUD Marie-Thérèse : p.212 (chêne liège)
- BARBIER Luc - ONC : p.63
- BEYLIER Bénédicte : p.35, 50, 137 (pin sylv.amb.fraiche)
- BOUTIN Jean : p.159 et 160 (4 photos)
- CHEYLAN Marc : p. 195
- DALBIES Henri : p. 216 (lavande)
- DEMARQUET François - CFPPA DE CARMEJANE : p. 95, 114
- DUREAU Rémi : p. 19, 155, 171, 172 (iris), 176, 197, 218 (chêne kermès)
- FRAPPA Pierre - AGENCE PAYSAGE : p. 165 (2 photos)
- GALLARDO Max - PNR LUBERON : p. 172 (aigle et vautour), 173, 219 (romarin)
- GARDE Laurent : p.21, 22, 33, 41, 63 (VTT), 81, 99, 104, 105, 110 (orchis brûlé et militaire, ruines), 117, 119 (parc), 121, 122, 127, 137 (pin sylv.amb.sèche), 143 (bois.agé), 161, 167,

203, 210 (pin sylvestre), 211, 212 (chêne vert, châtaignier), 213, 215 (chèvrefeuille, cytise), 216 (genêt cendré), 217 (noisetier), 218 (cade), 219 (filaires, genêt), 220 (ciste cotonneux), 221 (pistachier terebenthe), 222 (carex, élyna), 223 (anthyllide de montagne), 224 (brôme, dactyle, dorycnium), 225 (koelérie, psoralée, stipe)

- GUENDE Georges - PNR LUBERON : p. 108, 110
- HUBOUX Ryck - ONC : p. 88
- LEGEARD Jean-Pierre : p. 44, 59, 62, 139, 177,209,
- LEVOYER Bruno : p. 125, 223 (anthyllide vulnéraire), 224 (carex)
- LUCCIONI Jérôme - GDA ÉLEVAGE APT : p. 93
- MARSOL Laurent - CEMAGREF/FOMEDI : p. 221 (bruyère et fougère)
- MICAS Lilian : p. 217 (sumac), 220 (cistes de Montpellier, ...de sauge)
- NOUALS Catherine - CEMAGREF/FOMEDI : p. 179, 216 (genêt piquant), 218 (ajonc), 220 (arbousier), 225 (genêt)
- ORSINI Philippe : p. 109, 202
- PANIGATTI Lucien. - ONF 06 : p. 76
- PREVOST François : p. 58
- QUIBLIER Gérard : p. 17, 31, 34, 39, 56, 57, 67, 69, 73, 77, 85, 89, 133, 143, 209, 210 (pin noir), 223 (aphyllante),
- QUIBLIER Michèle : p. 34, 82, 84, 209 (pin à crochet), 222 (sainfoin, trèfle),
- SEGRETAIN Vincent : p. 111, 119, 125, 163, 210 (taillis de chêne pubescent), 218 (buplèvre)
- THAVAUD Pascal : p. 49, 54, 57, 65, 184,187,
- TRIBALLIER Thierry : p. 214, 215 (cornouiller, églantier), 216 (genevrier)
- Photothèque CERPAM : COUVERTURE, et p. 51, 58 (clôtures), 151,182,191, 210 (gros plan sur chêne pubescent)

ILLUSTRATIONS :

- **NICOLAS Bernard :** p. 8, 14, 27, 59
- **MSIKA Bruno :** p. 146
- Guide technique du forestier méditerranéen français, CEMAGREF : planches p. 226 : brachypodes de phénicie et rameux.
- **SARDAT Jacques :** planches des pages 226 (avoine et brachypode penné), et 227 à 229, extraites de "Flore pastorale de montagne", A. DORÉE, Ed. CEMAGREF/BOUBÉE

MISE EN FORME :

- **Virginie MAGNAN**, CERPAM, a assuré la saisie des textes.
- **Gérard QUIBLIER**, **Sabine CHANU et Hélène LESBROS** de MÉTHODES ET COMMUNICATION, ont assuré la réécriture des articles et l'organisation générale de l'ouvrage, maquette et composition.

FINANCEURS :

Cet ouvrage a pu voir le jour grâce aux concours suivants :

- **Conseil Régional Provence-Alpes-Côte d'Azur,**
- **Fonds national d'Assurance-Formation des Exploitant Agricoles,**
- **Fondation de France,**
- **G.I.E. Ovin Provence-Alpes-Côte d'Azur,**
- **Maison Régionale de l'Élevage Provence-Alpes-Côte d'Azur,**
- **Ministère de l'Agriculture,**
- **Ministère de l'Environnement.**

L O U I S - J E A N
avenue d'Embrun, 05003 GAP cedex
Tél. : 92.53.17.00
Dépôt légal : 860 — Novembre 1996
Imprimé en France